Rápidas y Sencillas Recetas Tailandesas

Jean-Pierre Gabriel

Rápidas y Sencillas Recetas Tailandesas

Φ

Introducción

La cocina de Tailandia, fresca y atractiva, es inimitable. A partir de ahora ya no tendrá que acudir a su restaurante tailandés favorito para degustarla, sino que podrá prepararla en casa. Una visita rápida a una tienda de alimentación asiática y unos cuantos productos frescos de buena calidad es todo lo que necesita. *Rápidas y sencillas. Recetas tailandesas* presenta los platos y las elaboraciones más típicos de toda Tailandia: desde sopas, salsas y curries, hasta noodles, salteados, bebidas e incluso postres. Y todo, listo en menos de 30 minutos.

Se suele comparar a Tailandia con una cabeza de elefante, vista de perfil, atrapada entre varios países: la frente estaría inclinada hacia Birmania y las orejas, rodeadas por Laos y Camboya. De hecho, la cocina tailandesa presenta muchas influencias foráneas. El phat thai y los «noodles borrachos», que tanto nos gustan, deben mucho a los inmigrantes chinos; y las guindillas y los tomates que salpican los curries y las ensaladas llegaron al sudeste asiático a través de los colonizadores españoles y portugueses.

Cuando hablamos de cocina tailandesa solemos pasar por alto su relación con la principal religión del país. Antes del amanecer, el visitante puede contemplar cómo largas filas de monjes budistas, con sus llamativas túnicas color azafrán, recogen plácidamente las ofrendas culinarias elaboradas por los fieles. Los rituales gastronómicos están tan vinculados con la fe, que algunas festividades —como el Songkran, una celebración anual de raíces budistas— son la única ocasión en que las familias preparan determinadas recetas.

Por suerte, los platos tailandeses se pueden hacer en casa siempre que lo desee y sin mucha complicación. Busque los noodles, las ensaladas y los curries que más le gusten, pero recuerde también que los postres —el plátano frito, la tapioca y el melón con leche de coco— son uno de los puntos fuertes de esta cocina, y se cuentan entre los mejores del mundo. Quizá ya nunca más tenga la necesidad de volver a un restaurante tailandés.

Pastas y salsas

Las pastas y las salsas son probablemente los platos más representativos de la cocina tailandesa. Piense en una brocheta de pollo recién hecha untada en salsa satay, con su sabor dulce a cacahuete, o en el ajo frito adherido a unas alitas glaseadas al estilo tailandés. Pruebe estos sencillos condimentos con arroz o noodles, e intente distinguir los matices que aportan el ajo, la chalota, el jengibre, la galanga y el cilantro que inundan los mercados de toda Tailandia. Cuando empiece a jugar con la acidez del tamarindo y la lima, el picante de la guindilla, el dulzor del azúcar de palma, y los puntos salados de la pasta de gambas y la salsa de pescado, estará a punto de convertirse en todo un experto en cocina tailandesa.

Soja fermentada

Para 8 paquetitos
Cocción 10 min + tiempo para fermentar

— 300 g de soja en conserva escurrida
— 8 hojas de plátano

Divida la soja en 8 porciones y ponga cada una de ellas sobre una hoja de plátano. Cúbralas con los lados de la hoja, doble los extremos por encima y ate los paquetitos con bramante. Coloque un peso sobre los paquetitos y déjelos fermentar a temperatura ambiente 2 o 3 días.

La soja fermentada estará lista para consumirse.

Para preparar láminas de soja seca, retire la soja de las hojas de plátano y deles forma de bola. Aplánelas en círculos finos y déjelos secar al sol 2 o 3 días.

Pepino encurtido

Para 230 g
Cocción 20 min

— 120 ml de vinagre de vino blanco
— 140 g de azúcar
— ¼ de cdta. de sal
— 1 pepino pequeño (50 g) cortado por
la mitad a lo largo y en rodajas finas
— 2 chalotas en rodajas finas
— 1 guindilla ojo de pájaro roja, fresca
y en rodajas

Ponga el vinagre con el azúcar y la sal en un cazo pequeño, y caliéntelo a fuego medio-bajo. Remueva hasta que el azúcar se haya disuelto. Llévelo a ebullición y cuézalo unos 4 minutos, hasta que adquiera una consistencia ligeramente almibarada. Retírelo del fuego y déjelo que se enfríe por completo. Añada el pepino, las chalotas y la guindilla, y sírvalo.

Si no va a servirlo enseguida, refrigérelo en un recipiente hermético y consúmalo en el plazo de 3 días.

Mermelada de guindillas

Para 338 g
Cocción 30 min

— 15 guindillas ojo de pájaro rojas,
  secas y despepitadas
— 8 dientes de ajo sin pelar y cortados
  por la mitad
— 2-3 chalotas picadas gruesas
— 1 cdta. de sal
— 10 g de gambas secas trituradas
— 1 cdta. de pasta de gambas
— 120 ml de aceite vegetal
— 1 cda. de Puré de tamarindo
  (véase pág. 32)
— 1 cda. de salsa de pescado
— 2½ cdas. de azúcar de caña sin refinar,
  azúcar de palma o azúcar moreno

Tueste las guindillas en un wok a fuego medio
3 o 4 minutos, hasta que desprendan su aroma y
tomen color. Resérvelas en un plato. Eche el ajo
y la chalota en el mismo wok, y tuéstelos a fuego
medio 5 o 6 minutos, hasta que se ablanden y la
piel del ajo se empiece a chamuscar. Retírelos
y resérvelos.

Machaque las guindillas tostadas con la sal en un
mortero hasta reducirlas a copos finos. Añada el
ajo y la chalota, y macháquelos hasta obtener una
textura homogénea. Incorpore las gambas secas
y la pasta de gambas, y siga machacándolos hasta
obtener una pasta fina. (Si lo prefiere, utilice un
robot de cocina.)

Caliente el aceite en un wok a fuego medio.
Eche la pasta y saltéela 2 o 3 minutos, hasta que
desprenda su aroma. Añada el tamarindo, la salsa
de pescado y el azúcar, y remueva unos 4 minutos,
o hasta que los sabores se mezclen.

Si no va a servirla enseguida, refrigérela en un
recipiente hermético y consúmala en el plazo
de 2 semanas.

Pasta de gambas asada

Para 60 g
Cocción 10 min

— 1 hoja de plátano, para envolver
— 4 cdas. de pasta de gambas

Disponga la hoja de plátano sobre una superficie de trabajo, extienda la pasta de gambas por la parte central y presione con suavidad para aplanarla. Cúbrala con los lados de la hoja, doble los extremos por encima y cierre el paquetito con un palillo.

Sostenga el paquetito sobre la llama de una cocina de gas, al mínimo, unos 5 minutos, dándole la vuelta de vez en cuando hasta que la hoja se chamusque y la pasta de gambas desprenda su aroma. (Si lo prefiere, precaliente el horno a 200 °C y ase el paquetito unos 10 minutos, o hasta que desprenda su aroma.)

Si no va a servirla enseguida, refrigérela en un recipiente hermético y consúmala en el plazo de 1 semana.

Pasta de guindillas para larb

Para 210 g
Cocción 20 min

— 5-10 guindillas ojo de pájaro rojas, secas y despepitadas
— 3 chalotas cortadas por la mitad
— 3 dientes de ajo
— 10 pimientos rojos largos picados
— 2 cdas. de citronela picada fina
— 1 cda. de semillas de eneldo
— 1 cda. de semillas de hinojo
— 1 cda. de pimienta de Sichuan
— ½ cda. de vainas de cardamomo
— 1 cdta. de nuez moscada molida
— ¼ de cdta. de clavos
— ¼ de cdta. de semillas de comino
— 3 guindillas rojas secas
— ½ cdta. de sal

Tueste las guindillas en un wok a fuego medio 2 o 3 minutos, hasta que desprendan su aroma. Retírelas y resérvelas.

En el mismo wok, tueste la chalota, el ajo y el pimiento unos 2 minutos, o hasta que se ablanden y se doren. Retírelos y resérvelos. Tueste la citronela, las semillas de eneldo y de hinojo, la pimienta de Sichuan, las vainas de cardamomo, la nuez moscada, los clavos y las semillas de comino 3 o 4 minutos, hasta que desprendan su aroma y se tuesten. Retírelos y déjelos enfriar.

Machaque las guindillas con la sal en un mortero hasta reducirlas a copos finos. Añada la chalota, el ajo y el pimiento tostados, y macháquelos bien. Incorpore poco a poco el resto de los ingredientes tostados y siga machacándolos hasta obtener una pasta fina. (Si lo prefiere, utilice un robot de cocina.)

Si no va a servirla enseguida, refrigérela en un recipiente hermético y consúmala en el plazo de 3 semanas.

Pasta de curry

Para 90 g
Cocción 10 min + tiempo de remojo

— 5 guindillas ojo de pájaro, secas
  y sin semillas
— ½ cdta. de sal
— 1 cda. de citronela en rodajas
— 1 cdta. de galanga en rodajas
— 1½ cdtas. de ralladura de lima kaffir
— 4-5 chalotas pequeñas
— 6 dientes de ajo
— 1 cdta. de raíz de cilantro picada*
— ½ cdta. de pimienta negra en grano
— ½ cdta. de cilantro molido
— 1 cdta. de comino molido
— ½ cdta. de cardamomo molido
— 1 cdta. de pasta de gambas

* *Si no encuentra cilantro con*
  raíz, utilice los tallos y doble
  la cantidad indicada.

Remoje las guindillas en un bol de agua templada 15 minutos, o hasta que se rehidraten. Escúrralas y píquelas.

Machaque las guindillas con la sal en un mortero hasta reducirlas a copos finos. Añada la citronela, la galanga, la ralladura de lima kaffir, las chalotas enteras, el ajo, la raíz de cilantro, la pimienta, el cilantro molido, el comino y el cardamomo y macháquelos hasta obtener una pasta homogénea.

Incorpore la pasta de gambas hasta que se mezcle bien. (Si lo prefiere, utilice un robot de cocina.)

Si no va a servirla enseguida, refrigérela en un recipiente hermético y consúmala en el plazo de 3 semanas.

Pasta de curry rojo

Para 120 g
Cocción 10 min + tiempo de remojo

— 14 guindillas ojo de pájaro rojas,
  secas y despepitadas
— 1 cdta. de cilantro molido
— ½ cdta. de comino molido
— 1 cdta. de pimienta blanca en grano
— 1 cdta. de sal
— 1 cdta. de galanga picada
— ½ cdta. de raíz de cilantro picada*
— 1 cda. de lima kaffir rallada
  o picada fina
— 15 g de citronela en rodajas finas
— 1½ chalotas picadas
— 4 dientes de ajo
— 1½ cdtas. de pasta de gambas

* *Si no encuentra cilantro con
  raíz, utilice los tallos y doble
  la cantidad indicada.*

Remoje las guindillas en un bol de agua templada
15 minutos, o hasta que se rehidraten. Escúrralas
y píquelas. Resérvelas.

Tueste el cilantro y el comino en una sartén
pequeña a fuego medio 1 minuto, o hasta que
desprendan su aroma. Páselos a un mortero,
añada la pimienta blanca y macháquelos hasta
que la pimienta esté bien desmenuzada. Retírelos
y resérvelos. (Si lo prefiere, utilice un molinillo
de especias.)

Ponga la guindilla picada y la sal en el mortero,
y macháquela bien. Eche poco a poco la galanga,
la raíz de cilantro, la piel de lima kaffir, la
citronela, la chalota y el ajo y siga machacándolos.
Incorpore las gambas secas y la mezcla de
especias tostadas, y mézclelos bien hasta obtener
una pasta fina. (Si lo prefiere, utilice un robot
de cocina.)

Si no va a servirla enseguida, refrigérela en un
recipiente hermético y consúmala en el plazo
de 3 semanas.

Pasta de guindillas del sur

Para 170 g
Cocción 10 min + tiempo de remojo

— 10-15 guindillas ojo de pájaro rojas,
   secas y despepitadas
— 1 cdta. de sal
— 3 tallos de citronela en rodajas finas
— 3 rodajas finas de galanga
— 1 cdta. de pimienta negra en grano
— 1½ cdtas. de cúrcuma fresca picada
   o ½ cdta. de cúrcuma molida
— 4 dientes de ajo picados
— 2 chalotas pequeñas en rodajas
— 2 cdtas. de pasta de gambas

Remoje las guindillas en un bol de agua templada
15 minutos, o hasta que se rehidraten. Escúrralas
y píquelas.

Ponga la guindilla picada en un mortero con
la sal y macháquela hasta reducirla a copos finos.
Añada poco a poco la citronela, la galanga, la
pimienta, la cúrcuma, el ajo y la chalota, y
macháquelos bien. Incorpore la pasta de gambas
y máchaquela hasta obtener una pasta fina.
(Si lo prefiere, utilice un robot de cocina.)

Si no va a servirla enseguida, refrigérela en un
recipiente hermético y consúmala en el plazo
de 4 semanas.

Saam-gler

Para 32 g
Cocción 10 min

— 15 g de raíz de cilantro*
— 4 dientes de ajo
— 2 cdtas. de pimienta negra o blanca
  en grano

* *Si no encuentra cilantro con
    raíz, utilice los tallos y doble
    la cantidad indicada.*

Machaque brevemente en un mortero la raíz de cilantro. Añada el ajo y macháquelo hasta obtener una pasta grumosa. Eche la pimienta y macháquelo hasta obtener una pasta fina. (Si lo prefiere, utilice un robot de cocina.)

Si no va a servirla enseguida, refrigérela en un recipiente hermético y consúmala en el plazo de 3 semanas.

Salsa picante de mango verde

Para 250 ml
Cocción 10 min

— 5-10 guindillas ojo de pájaro verdes,
   frescas y picadas
— 3 dientes de ajo picados
— 1 cda. de azúcar de caña sin refinar,
   azúcar de palma o azúcar moreno
— 2 cdtas. de Pasta de gambas asada
   (véase pág. 13)
— 80 g de mango verde o manzana verde,
   y un poco más para adornar
— 2 cdas. de gambas secas
   trituradas gruesas
— 2½ cdtas. de salsa de pescado
— 1 cda. de zumo de lima
   recién exprimido
— verduras u hortalizas, como coliflor
   y pepino, para servir

Machaque en un mortero las guindillas con el ajo hasta obtener una pasta fina. Añada el azúcar y la pasta de gambas y remueva bien. Eche el mango o la manzana, las gambas secas, la salsa de pescado, el zumo de lima y 2 cucharadas de agua templada, y remuévalos con suavidad. (Si lo prefiere, triture los ingredientes en un robot de cocina hasta que estén ligeramente picados, pero sin estar hechos puré.)

Adorne la salsa con mango o manzana cortados en juliana, y sírvala con verduras u hortalizas crudas.

Salsa de guindillas

Para 475 ml
Cocción 15 min + tiempo de remojo

Para la pasta de guindillas
— 50 g de guindillas rojas, secas
  y despepitadas
— 2 cabezas de ajo, con los dientes
  separados y pelados
— 5 chalotas picadas
— 100 g de citronela picada fina
— 1 trozo de galanga de 10 cm,
  pelado y picado fino
— 1 cdta. de vainas de cardamomo
  verde enteras
— 100 g de gambas secas
— 60 g de pasta de gambas

Para la salsa
— 475 ml de leche de coco
— 50 g de azúcar de caña sin refinar,
  azúcar de palma o azúcar moreno
— 2 cdtas. de sal
— 5 hojas de lima kaffir picadas
— verduras u hortalizas crudas o al vapor,
  como pepino y berenjena, para servir

Para preparar la pasta de guindillas, remoje las guindillas en un bol de agua caliente 15 minutos, o hasta que se rehidraten, y escúrralas.

Machaque en un mortero las guindillas, el ajo, la chalota, la citronela, la galanga roja y las vainas de cardamomo hasta obtener una pasta fina. Añada las gambas secas y la pasta de gambas y macháquelas. (Si lo prefiere, utilice un robot de cocina.)

Para preparar la salsa, lleve la leche de coco a ebullición a fuego medio en un wok y cuézala 4 o 5 minutos, hasta que adquiera una textura granulosa. Eche la pasta de guindillas, el azúcar, la sal y las hojas de lima kaffir, y cuézala durante 3 o 4 minutos.

Pase la salsa a un bol y sírvala con verduras u hortalizas, crudas o al vapor.

Salsa de pasta de gambas

Para 300 ml
Cocción 15 min

— 1½ cdas. de Pasta de curry rojo
  (véase pág. 16)
— 2 tallos de citronela en rodajas finas
— 1 trozo de jengibre de 2 cm,
  pelado y en juliana
— 1 chalota en rodajas
— 1½ cdas. de Pasta de gambas asada
  (véase pág. 13)
— 10 g de caballa en salazón
— 1 cda. de aceite vegetal
— 200 ml de leche de coco
— 2 cdas. de azúcar de caña sin refinar,
  azúcar de palma o azúcar moreno
— 1 cdta. de salsa de pescado
— 1 cda. de Puré de tamarindo
  (véase pág. 32)
— 7 guindillas ojo de pájaro verdes,
  frescas y majadas
— 4 hojas de lima kaffir troceadas
— verduras y hortalizas crudas o al vapor,
  como zanahorias, col china, pepinos
  y judías de metro, para servir

Para la guarnición
— 1 guindilla verde
— 1 ramita de cilantro
— 1 guindilla ojo de pájaro roja,
  fresca y en rodajas

Machaque en un mortero la pasta de curry con
la citronela, el jengibre, la chalota, la pasta de
gambas y la caballa hasta obtener una pasta fina.
(Si lo prefiere, utilice un robot de cocina.)

Caliente el aceite en un wok a fuego medio.
Añada la pasta y saltéela unos 3 minutos, o hasta
que desprenda su aroma. Vierta la leche de coco
y remueva constantemente hasta que espese. Eche
el azúcar, la salsa de pescado y el tamarindo,
e incorpórelos a la salsa.

Agregue la guindilla majada y las hojas de lima
kaffir, remueva la salsa y retírela del fuego. Pásela
a un bol y adórnela con la guindilla verde, la
ramita de cilantro y la guindilla ojo de pájaro en
juliana. Sírvala con verduras u hortalizas crudas
o al vapor.

Salsa para marisco

Para 175 ml
Cocción 5 min

— 6-7 dientes de ajo
— 10 guindillas ojo de pájaro rojas
 y verdes, frescas
— 20 g de cilantro picado grueso
— 3 cdas. de salsa de pescado
— 2 cdas. de azúcar de caña sin refinar,
 azúcar de palma o azúcar moreno
— 2 cdas. de zumo de lima
 recién exprimido
— marisco a la parrilla o al vapor,
 para servir

Machaque el ajo en un mortero. Añada las guindillas y macháquelas en trocitos. Agregue el cilantro y macháquelo bien. (Si lo prefiere, utilice un robot de cocina.) Eche la salsa de pescado, el azúcar, el zumo de lima y 1 cucharada de agua, y remueva con una cuchara de madera hasta que se disuelva el azúcar. La salsa debe tener matices dulces, ácidos, salados y picantes. Sírvala en un bol con marisco a la parrilla o al vapor.

Si no va a servirla enseguida, refrigérela en un recipiente hermético y consúmala en el plazo de 2 semanas.

Salsa tailandesa muy picante

Para 300 ml
Cocción 10 min

— 20 dientes de ajo
— 30 guindillas ojo de pájaro rojas,
  frescas y picadas
— 120 ml de salsa de pescado
— 120 ml de zumo de lima
  recién exprimido
— carne o pescado a la parrilla,
  para servir

Machaque el ajo y las guindillas en un mortero hasta obtener una pasta fina. (Si lo prefiere, utilice un robot de cocina.) Pásela a un bol, añada la salsa de pescado y el zumo de lima, y remueva. Sírvala con la carne o el pescado a la parrilla.

Salsa dulce de guindillas

Para 175 ml
Cocción 15 min

— 120 ml de vinagre de vino blanco
— 100 g de azúcar
— ½ cdta. de sal
— 1 guindilla roja fresca,
   triturada gruesa
— 2 cdas. de cacahuetes picados
   gruesos, para adornar (opcional)

En un cazo, mezcle el vinagre con el azúcar, la sal, 4 cucharadas de agua y la guindilla. Llévelo a ebullición y cuézalo 2 minutos. Baje el fuego y cuézalo de 3 a 5 minutos más, hasta que adquiera una consistencia almibarada. Retire la salsa del fuego y déjela enfriar. Sírvala adornada con los cacahuetes, si lo desea.

Si no va a servirla enseguida, refrigérela en un recipiente hermético y consúmala en el plazo de 1 semana.

Salsa satay al estilo tailandés

Para 250 ml
Cocción 15 min

— 1 cda. de aceite vegetal
— 1 cda. de Pasta de curry rojo
   (véase pág. 15)
— 200 ml de leche de coco
— 100 g de cacahuetes tostados,
   machacados finos
— 3 cdas. de azúcar de caña sin refinar,
   azúcar de palma o azúcar moreno
— ¼ de cdta. de sal
— ½ cdta. de Puré de tamarindo
   (véase pág. 32)

Caliente el aceite en un wok a fuego medio.
Añada la pasta de curry y saltéela 30 segundos,
o hasta que chisporrotee y desprenda su aroma.
Vierta poco a poco la leche de coco, remueva
y cuézala 2 o 3 minutos. Agregue los cacahuetes,
el azúcar, la sal y el tamarindo, y remueva durante
3 o 4 minutos. Retire la salsa del fuego y sírvala
en un bol.

Puré de tamarindo

Para 550 ml
Cocción 15 min

— 500 g de vainas de tamarindo ácido,
 peladas y despepitadas

Ponga 475 ml de agua templada y la pulpa de tamarindo en un bol, y trabájela con las manos. Pase la mezcla por una estameña sobre un bol.

Si no va a servir el puré enseguida, refrigérelo en un recipiente hermético y consúmalo en el plazo de 1 semana.

Ajo frito

Para 5 cucharadas
Cocción 10 min

— 350 ml de aceite vegetal
— 2 cabezas de ajo, con los dientes
   separados, pelados y en rodajas

Caliente el aceite en un wok a fuego medio. Saltee el ajo 4 o 5 minutos, hasta que se empiece a dorar. Retírelo con una espumadera y déjelo escurrir sobre papel de cocina. Úselo como ingrediente o a modo de guarnición.

Chalotas fritas

Para 5 cucharadas
Cocción 15 min

— 350 ml de aceite vegetal
— 5 chalotas peladas y cortadas
  finas a lo largo

Caliente el aceite en un wok a fuego medio. Eche las chalotas y saltéelas 10 u 11 minutos, hasta que se empiecen a dorar. Retírelas con una espumadera y déjelas escurrir sobre papel de cocina. Úselas como ingrediente o a modo de guarnición.

Aperitivos y bebidas

Le invitamos a probar la citronela, un sabor muy familiar para los amantes de la cocina tailandesa, de un modo completamente nuevo. Licuada, con azúcar y hielo, constituye una de las preparaciones más refrescantes que existen. Esta deliciosa y sencillísima bebida es una de las que componen este apartado, donde también encontrará zumo de kumquat, zumo de maracuyá y granizado de pitaya. Además, descubrirá algunos de los mejores aperitivos tailandeses, como los rollitos de primavera y las tortillas tailandesas (mucho más fáciles de hacer de lo que se imagina). Si acompaña una cena informal entre amigos con zumos recién hechos, la convertirá en una velada inolvidable.

Huevos gratinados en hojas de plátano

Para 4-6 personas
Cocción 30 min

— 1 kg de hojas de plátano cortadas
en círculos de 15 cm de diámetro
— 5 huevos
— 2 guindillas ojo de pájaro rojas,
frescas y picadas
— 2 cdas. de salsa de soja
— 2 cdas. de cilantro picado
— ½ cdta. de sal

Prepare los moldes con las hojas de plátano. Para ello, coja 2 círculos y júntelos, dejando la parte satinada de cada hoja mirando hacia afuera. Partiendo de la parte externa del círculo, doble hacia arriba la hoja unos 3 cm y vuelva a doblarla sobre sí misma para formar una esquina. Sujétela con un palillo o grápela. Repita la operación hasta que el molde tenga 4 esquinas. Resérvelos.

Precaliente el gratinador al mínimo. Ponga los huevos, las guindillas, la salsa de soja, el cilantro y la sal en un bol grande, y bátalos bien. Añada de 1 a 3 cucharadas de agua mientras los bate para aligerar su consistencia. Con cuidado, vierta unos 120 ml de la mezcla en cada molde.

Gratine los moldes 15 minutos, o hasta que el huevo esté bien cuajado.

Tortilla de hierbas

Para 2 personas
Cocción 10 min

— 3 huevos batidos
— 100 g de cerdo o pollo picados
— 5 dientes de ajo picados
— 2 cebolletas picadas
— 1 manojo de cilantro picado
— 2 chalotas picadas
— ¼ de cdta. de sal
— 7 guindillas ojo de pájaro rojas,
   frescas y picadas
— ¼ de cdta. de pimienta blanca molida
— 1 cdta. de salsa de soja
— 1 cdta. de salsa de ostras
— 3 cdas. de aceite vegetal
— Arroz jazmín al vapor (véase pág. 204),
   para servir

Bata los huevos con el resto de los ingredientes (excepto el aceite y el arroz), en un bol grande, hasta que estén bien mezclados.

En una sartén, caliente el aceite a fuego medio-bajo. Eche la mezcla de huevo y haga la tortilla 3 o 4 minutos, hasta que se empiece a cuajar y la carne esté dorada. Cuando esté casi lista, dele la vuelta y hágala 1 o 2 minutos por el otro lado para que tome color. Sírvala sola o con el arroz.

Rollitos de primavera tailandeses

Para 20 rollitos
Cocción 25 min

Para la salsa
— 250 ml de Puré de tamarindo
  (véase pág. 32)
— 5 guindillas secas remojadas en agua
— 3 chalotas
— 1 cda. de salsa de soja
— 100 g de azúcar de caña sin refinar,
  azúcar de palma o azúcar moreno
— 7 dientes de ajo
— 1 cda. de Soja fermentada
  (véase pág. 10)

Para los rollitos de primavera
— 1 cda. de aceite vegetal
— 120 g de jícama en juliana
— 2 cdas. de salsa de ostras
— 20 láminas de pasta
  para rollitos de primavera
— 120 g de lechuga en juliana
— 120 g de brotes de soja hervidos
— 15 g de chicharrones picados gruesos
— 2 cdas. de Chalotas fritas
  (véase pág. 34)
— 100 g de cerdo asado
  en rodajas finas
— 20 gambas cocidas, cortadas
  por la mitad a lo largo

Para preparar la salsa, machaque en un mortero todos los ingredientes hasta obtener una pasta fina. (Si lo prefiere, utilice un robot de cocina.) Caliente la salsa en un wok a fuego medio, llévela a ebullición, baje el fuego y cuézala hasta que espese. Retírela del fuego y déjela enfriar.

Caliente el aceite en un wok a fuego medio. Saltee la jícama con la salsa de ostras 30 segundos. Retírela del fuego y déjela enfriar.

Ablande una lámina de pasta en agua templada y extiéndala sobre una superficie de trabajo. Ponga un poco de lechuga, brotes de soja, chicharrones, chalota y jícama en el centro de la lámina. Añada un poco de la salsa reservada y, encima, una rodaja de cerdo asado y 2 o 3 mitades de gambas. Doble un extremo de la lámina por encima del relleno. Remeta los lados para crear un paquetito. Enróllelo en dirección ascendente y moje los bordes con un poco de agua para que se adhieran. Repita la operación hasta terminar con todos los ingredientes. Corte los rollitos por la mitad y sírvalos con el resto de la salsa.

Albóndigas de cerdo con gambas y piña

Para 4-6 personas
Cocción 30 min

— 8 dientes de ajo
— 5 raíces de cilantro*
— ½ cdta. de pimienta blanca molida
— 3 cdas. de aceite vegetal
— 150 g de azúcar de caña sin refinar, azúcar de palma o azúcar moreno
— 1½ cdtas. de sal
— 100 g de carne picada de cerdo
— 100 g de gambas crudas y peladas, sin el hilo intestinal y trituradas
— 150 g de cacahuetes, tostados y machacados
— 1 piña pelada, descorazonada y cortada en trozos de 3 × 1 cm
— 1 manojo de hojas de cilantro
— 1 guindilla ojo de pájaro roja, fresca y en rodajas finas

*   *Si no encuentra cilantro con raíz, utilice los tallos y doble la cantidad indicada.*

Machaque bien el ajo, las raíces de cilantro y la pimienta en un mortero hasta obtener una pasta fina. (Si lo prefiere, utilice un robot de cocina.)

Caliente el aceite en un wok a fuego medio-bajo. Añada la pasta de ajo y saltéela 2 o 3 minutos, hasta que se dore y desprenda su aroma. Eche el azúcar y la sal, y saltéelo 2 o 3 minutos más, hasta que el azúcar se ablande. Añada el cerdo y las gambas, y saltéelo todo 4 minutos. Agregue los cacahuetes y saltéelo otros 8 o 9 minutos, hasta que se empiece a quedar pegajoso. Retire el wok del fuego y déjelo enfriar.

Cuando el picadillo se haya enfriado lo suficiente como para poder manipularlo, forme albóndigas de 2 cm y coloque cada una encima de un trozo de piña. Adórnelas con una hoja de cilantro y una rodaja de guindilla, y sírvalas.

Granizado de pitaya

Para 4 personas
Cocción 10 min

— 4 pitayas peladas y troceadas
— 8 cubitos de hielo
— 2 cdas. de miel
— 2 cdtas. de zumo de lima
   recién exprimido

Ponga la pitaya en una batidora de vaso, añada los cubitos de hielo, la miel y el zumo de lima, y tritúrelo todo hasta que obtener una textura fina. Sírvalo.

Zumo de maracuyá

Para 4 personas
Cocción 10 min

— 200 g de azúcar extrafino
— 1 kg de maracuyá cortado por la mitad
   o 500 g de puré de maracuyá helado
— 1 cdta. de sal
— cubitos de hielo, para servir

Lleve una olla con 350 ml de agua a ebullición a fuego medio. Eche el azúcar y remueva hasta que se disuelva y adquiera una consistencia almibarada. Retírelo del fuego.

Pase el maracuyá por una estameña sobre una jarra grande refractaria y deseche la parte sólida (o bata el puré de maracuyá helado). Añada la sal y 120 ml del almíbar, y remueva bien. Sírvalo frío, con unos cubitos de hielo.

Si no va a servirlo enseguida, refrigérelo en un recipiente hermético y consúmalo en el plazo de 3 semanas.

Zumo de kumquat

Para 8-10 personas
Cocción 15 min

— 1 kg de kumquats o 500 g de puré
   de kumquat helado
— 1 kg de azúcar extrafino
— 1 cda. de sal
— cubitos de hielo, para servir

Lave los kumquats y exprímalos sobre una olla.
Vierta 2 litros de agua y remueva. Añada el azúcar
y la sal, y llévelo todo a ebullición a fuego medio.
Retírelo del fuego, páselo por una estameña sobre
una jarra grande refractaria y deje que enfríe.
(Si utiliza puré de kumquat helado, mezcle 2 litros
de agua con el azúcar en una olla y remueva.
Añada la sal y llévelo a ebullición a fuego medio.
Cuando adquiera una consistencia almibarada,
retírelo del fuego e incorpore el puré. Cuélelo
sobre una jarra grande refractaria y déjelo que
enfríe.) Refrigere el zumo. Sírvalo frío, con unos
cubitos de hielo.

Zumo de citronela

Para 6-8 personas
Cocción 25 min

— 500 g de tallos de citronela picados
— 300 g de azúcar extrafino
— ½ cdta. de sal
— cubitos de hielo, para servir

Lleve una olla con 2 litros de agua a ebullición a fuego medio. Añada la citronela y cuézala de 8 a 10 minutos. Retírela del fuego y pásela por una estameña sobre una olla limpia. Añada el azúcar y la sal, remueva hasta que se disuelvan y lléve el zumo a ebullición a fuego medio. Retírelo del fuego, déjelo enfriar y refrigérelo. Sírvalo frío, con unos cubitos de hielo.

Zumo de pandan

Para 4-6 personas
Cocción 15 min

— 170 g de hojas de pandan (unas 5),
  lavadas y cortadas a lo ancho en
  trozos de 5-8 cm
— 50 g de azúcar
— 1 pizca de sal
— cubitos de hielo, para servir
  (opcional)

Lleve una olla con 1,4 litros de agua a ebullición
a fuego medio-alto. Eche las hojas de pandan,
reduzca el fuego a medio-bajo y cuézalas unos
5 minutos. Eche el azúcar y la sal, y prosiga con
la cocción 2 o 3 minutos, hasta que el azúcar
y la sal se disuelvan. Retire la olla del fuego y
rectifique de azúcar. Pase el zumo por un colador
de malla fina sobre una jarra refractaria.

Sírvalo caliente o refrigérelo y tómelo frío, con
unos cubitos de hielo.

Zumo de tamarindo

Para 4 personas
Cocción 15 min + tiempo de remojo

— 80 g de pulpa de tamarindo
  o pasta de tamarindo
— ¼ de cdta. de sal
— 250 g de azúcar
— cubitos de hielo, para servir

Remoje la pulpa o la pasta de tamarindo en 350 ml de agua templada (15 o 20 minutos para la pulpa; 10 minutos para la pasta). Estruje el tamarindo con las manos hasta obtener un puré bastante espeso. Páselo por un colador de malla fina sobre un vaso. Resérvelo.

Lleve una cazuela con 950 ml de agua a ebullición a fuego medio. Añada el puré de tamarindo, la sal y el azúcar, y remueva hasta que el azúcar se disuelva. Cuézalo durante 4 o 5 minutos y retírelo del fuego. Sírvalo caliente o refrigérelo y tómelo frío, con unos cubitos de hielo.

Ensaladas

La ensalada de papaya es uno de esos platos que crean adicción, pero que consideramos imposibles de preparar en casa. Nada más lejos de la realidad. De hecho, es una de las recetas más fáciles de este apartado, donde también encontrará, entre otras, una ensalada de flores de agatí, una de mango y otra de calamar y palmito que harán las delicias de los amantes del picante y el marisco. Estas exóticas ensaladas son perfectas para entrar en calor en invierno y para sobrellevar las altas temperaturas del verano.

Ensalada picante con huevos de pato

Para 2 personas
Cocción 15 min

— 5-6 guindillas ojo de pájaro rojas
  y frescas
— 3-4 dientes de ajo
— 1 judía de metro en trozos de 1¼ cm
— 3 tomates pera pequeños, cortados
  por la mitad
— 175 g de papaya verde en juliana
— 2 cdas. de gambas secas
— 1-2 cdas. de zumo de lima
  recién exprimido
— 1 cda. de azúcar de caña sin refinar,
  azúcar de palma o azúcar moreno
— 1 cda. de salsa de pescado
— 2 huevos de pato hervidos, salados
  y cortados en cuartos a lo largo,
  para adornar
— 2 cdas. de cacahuetes tostados,
  para adornar

Machaque un poco las guindillas con el ajo en un mortero. Añada las judías, el tomate, la papaya y las gambas secas, y remueva. Condimente la ensalada con zumo de lima al gusto, el azúcar y la salsa de pescado, y remueva bien. Pásela a una fuente y adórnela con el huevo. Esparza los cacahuetes por encima y sírvala.

Ensalada picante de calamar y palmitos

Para 6 personas
Cocción 20 min

Para el aliño
— 2½ cdas. de salsa de pescado
— 2 cdas. de zumo de lima
  recién exprimido
— 1½ cdas. de azúcar
— 10 guindillas ojo de pájaro rojas
  y frescas en rodajas finas

Para la ensalada
— 300 g de calamares limpios
  y en trozos de 4 cm
— 100 g de gambas crudas y peladas,
  sin el hilo intestinal y con las
  colas intactas
— 150 g de palmitos en juliana
— 80 g de mango verde, papaya verde
  o jícama en juliana
— 100 g de zanahoria en juliana
— 1 cebolla cortada a lo largo
— 4 cdas. de cilantro picado
— 5 cebolletas en rodajas a lo largo

Para preparar el aliño, mezcle la salsa de pescado con el zumo de lima, el azúcar y la guindilla en un bol grande hasta que se disuelva el azúcar. Resérvelo.

Para preparar la ensalada, escalde el calamar en agua hirviendo 2 o 3 minutos, hasta que esté hecho. Escúrralo y resérvelo.

Escalde las gambas en otro cazo con agua hirviendo 1 o 2 minutos, hasta que estén rosadas. Escúrralas y resérvelas.

Añada el calamar, las gambas, los palmitos, el mango, la zanahoria, la cebolla, el cilantro y la cebolleta al bol con el aliño, y remueva bien. Sírvala.

Ensalada de calamares fritos

Para 2 personas
Cocción 20 min

— 75 g de harina de trigo
— 475 ml de aceite vegetal, para freír
— 300 g de calamares en anillas
    de 1 cm de grosor
— 2 cdas. de Mermelada de guindillas
    (véase pág. 12)
— 2 cdas. de zumo de lima
    recién exprimido
— 2 cdas. de salsa de pescado
— ½ cdta. de azúcar
— 1 chalota en rodajas
— 3 hojas de lima kaffir en tiras finas
— 5 guindillas ojo de pájaro rojas,
    frescas y picadas
— 2 tallos de citronela en rodajas finas
— hojas de menta, para adornar

Bata la harina con 120 ml de agua fría en un bol hasta obtener una pasta homogénea. Resérvela.

Caliente el aceite en un wok o en una freidora a 180 °C, o hasta que al echar un trocito de pan se dore en 30 segundos. Pase las anillas de calamar por la pasta, sumérjalas con cuidado en el aceite caliente y fríalas de 4 a 6 minutos, hasta que estén crujientes y doradas. Sáquelas con una espumadera y déjelas escurrir sobre papel de cocina.

Mezcle en un bol la mermelada de guindillas con el zumo de lima, la salsa de pescado, el azúcar, la chalota, las hojas de lima kaffir, la guindilla y la citronela. Añada los calamares y remueva bien. Pase la ensalada a una fuente de servicio, adórnela con la menta y sírvala.

Ensalada picante de flores de agatí

Para 4 personas
Cocción 20 min

Para el aliño
— 10 guindillas ojo de pájaro rojas
   y verdes, frescas y picadas
— 1 diente de ajo picado
— 2 cdas. de salsa de pescado
— 2 cdas. de zumo de lima
   recién exprimido
— 1 cda. de azúcar

Para la ensalada
— 300 g de gambas crudas y peladas,
   sin el hilo intestinal y con las
   colas intactas
— 200 g de cerdo picado
— 500 g de flores de agatí, sin los
   estambres, o flores de calabaza
— 10 chalotas picadas finas

Para preparar el aliño, machaque las guindillas y el ajo en un mortero y, a continuación, añada la salsa de pescado, el zumo de lima y el azúcar. Remueva bien. Resérvelo en una ensaladera.

Para preparar la ensalada, escalde las gambas en un cazo con agua hirviendo 1 o 2 minutos, hasta que estén rosadas. Escúrralas y resérvelas.

En otro cazo con agua hirviendo, escalde la carne picada de cerdo 2 o 3 minutos, o hasta que esté hecha. Escúrrala bien y resérvela.

Escalde las flores de agatí en un tercer cazo con agua hirviendo durante 1 minuto. Escúrralas y resérvelas.

Añada las gambas, el cerdo y las flores de agatí a la ensaladera con el aliño, y remueva bien. Agregue la chalota y sirva la ensalada.

Ensalada de cilantro

Para 2 personas
Cocción 20 min + tiempo de remojo

Para la pasta de guindillas
— 7 guindillas rojas secas
— 7 dientes de ajo
— 4 rodajas de jengibre fresco
— 5 chalotas picadas
— 2 rodajas de galanga o jengibre
— 2 tallos de citronela
— 3 raíces de cilantro*
— 1 cdta. de pasta de gambas
— 2 cdas. de aceite vegetal

Para la ensalada
— 50 g de cilantro picado fino
— 100 g de chicharrones picados gruesos
— 3 cdas. de Ajo frito (véase pág. 33)
— 3 cdas. de Chalotas fritas
    (véase pág. 34)
— sal

*   *Si no encuentra cilantro con*
    raíz, utilice los tallos y doble
    la cantidad indicada.

Para preparar la pasta de guindillas, remoje las guindillas en un bol de agua templada durante 15 minutos, o hasta que se rehidraten. Escúrralas y píquelas.

Machaque en un mortero la guindilla picada con el jengibre, la chalota, la galanga, la citronela, la raíz de cilantro y la pasta de gambas. (Si lo prefiere, utilice un robot de cocina.)

Caliente el aceite en un wok a fuego medio. Añada la pasta de guindillas y saltéela durante 2 minutos, o hasta que desprenda su aroma. Retírela del fuego.

Para preparar la ensalada, ponga el cilantro y los chicharrones en una ensaladera, y remueva bien. Añada la pasta de guindillas y una pizca de sal, y vuelva a remover. Esparza las chalotas y el ajo fritos, y sirva la ensalada.

Ensalada
de mostaza encurtida

Para 4 personas
Cocción 10 min

— 5 guindillas ojo de pájaro rojas frescas
— 120 g de hojas de mostaza encurtidas
  en juliana
— 2 berenjenas amarillas o verdes
  en rodajas
— 1 trozo de jengibre fresco de 4 cm,
  pelado y en rodajas

Deje 3 guindillas enteras y pique finas el resto. Resérvelas.

Mezcle las hojas de mostaza con la berenjena y el jengibre en una ensaladera. Reparta las guindillas enteras y picadas por encima. Sirva la ensalada.

Ensalada picante de setas

Para 4 personas
Cocción 15 min

Para el aliño
— 3 cdas. de salsa de pescado
— 3 cdas. de zumo de lima
   recién exprimido
— 5-6 guindillas ojo de pájaro,
   frescas y picadas finas
— 1½ cdas. de azúcar de caña sin refinar,
   azúcar de palma o azúcar moreno

Para la ensalada
— 100 g de carne picada de cerdo
— 8-10 langostinos crudos, pelados
   y sin el hilo intestinal
— 300 g de setas variadas, como setas
   de ostra, setas de cardo y shimeji
— 1 cda. de cebolleta picada fina
— 4-5 chalotas en rodajas finas
— 1 manojo de cilantro picado fino,
   para adornar

Para preparar el aliño, mezcle la salsa de pescado con el zumo de lima, la guindilla y el azúcar en un bol grande hasta que se disuelva el azúcar. Resérvelo.

Para preparar la ensalada, escalde la carne de cerdo en un cazo con agua hirviendo 2 o 3 minutos, hasta que esté hecha. Escúrrala y resérvela.

Escalde los langostinos en otro cazo con agua hirviendo 1 o 2 minutos. Escúrralos y resérvelos.

Escalde las setas en un tercer cazo con agua hirviendo unos 30 segundos. Escúrralas y resérvelas.

Añada la carne de cerdo, los langostinos, las setas, la cebolleta y la chalota al bol con el aliño, y remueva bien. Pase la ensalada a una fuente, esparza el cilantro por encima y sírvala.

Ensalada de pomelo

Para 4 personas
Cocción 10 min

— 100 g de coco rallado sin edulcorar
— 50 g de cacahuetes
— 500 g de pomelo o toronja
— 100 g de gambas secas enjuagadas
— 1 chalota picada fina
— 2 cdas. de salsa de pescado
— 3 cdas. de azúcar

Tueste el coco y los cacahuetes en un wok a fuego medio 2 o 3 minutos, hasta que se doren. Retírelos y resérvelos.

Pele los pomelos y desgájelos. Retíreles la parte blanca y las membranas, trocee la pulpa y póngala en una ensaladera. (Si utiliza toronjas, rebáneles la parte superior e inferior y, con un cuchillo afilado, siga la curva de la fruta y retire la piel, la parte blanca y las membranas para pelarlas; separe los gajos de pulpa de las membranas y píquelas.)

Añada el coco, los cacahuetes, las gambas secas y la chalota a la ensaladera, y remueva bien. Incorpore la salsa de pescado y el azúcar, y sírvala.

Ensalada de papaya verde

Para 2 personas
Cocción 15 min

— 3 guindillas ojo de pájaro frescas
— 5 dientes de ajo
— 1 judía de metro en trozos de 4 cm
— 2 tomates pera en dados
— 1 cda. de azúcar de caña sin refinar,
    azúcar de palma o azúcar moreno
— 1 cda. de cacahuetes tostados
— 1 cda. de gambas secas
— 1 cda. de zumo de lima
    recién exprimido
— 2 limas en cuñas
— 1 cda. de salsa de pescado
— 120 g de papaya verde, mango verde
    o jícama en juliana

Machaque las guindillas con el ajo en un mortero. Eche la judía y cháfela un poco. Añada el tomate, el azúcar, los cacahuetes, las gambas secas, el zumo y las cuñas de lima, y la salsa de pescado. Remuévalos con suavidad hasta que se disuelva el azúcar. Agregue la papaya y sirva la ensalada.

Ensalada de mango con pescado seco ahumado

Para 2 personas
Cocción 10 min

— 1½ cdtas. de harina de arroz
— 165 g de mango verde, papaya verde
  o jícama en juliana
— 2 cdas. de pescado seco ahumado,
  triturado fino
— 1½ cdtas. de copos de guindilla
— 1 cda. de salsa de pescado
— 2 cebolletas en trozos de 4 cm
— 25 g de cilantro picado grueso,
  y un poco más para adornar
— 3-4 chalotas en rodajas
— 1 cdta. de azúcar extrafino
— 10 hojas de lima kaffir en tiras finas
— 25 g de hojas de menta, y unas pocas
  más para adornar
— verduras y hortalizas crudas,
  como berenjenas, guisantes,
  hojas de lechuga y flores
  de conchita azul, para servir
— hojas de albahaca, para servir

Tueste la harina de arroz en un cazo a fuego lento hasta que desprenda su aroma, 2 o 3 minutos. Pásela a un mortero.

Añada el mango, el pescado seco, los copos de guindilla, la salsa de pescado, las cebolletas, el cilantro, 2 o 3 chalotas, el azúcar, las hojas de lima kaffir y las hojas de menta, y macháquelos con la mano de mortero hasta que se mezclen bien. Adorne la ensalada con las hojas de menta y la chalota restante. Sírvala con verduras u hortalizas, crudas o al vapor, y unas hojas de albahaca.

Sopas

Lo mejor de las sopas tailandesas es que cuando haya
adquirido los ingredientes más básicos (citronela, galanga,
leche de coco, pasta de gambas, salsa de pescado y cilantro),
no solo tendrá todo el sabor de Tailandia en casa, sino
que podrá preparar una gran variedad de sopas sin salir
a comprar nada más. Aquí encontrará esa sopa agripicante
que tanto le gusta, con una base de caldo de pollo y
salpicada de tamarindo, y sopas de pescado para todos los
gustos: de róbalo, caballa, pez cabeza de serpiente o mújol.
Y, siempre, listas en un momento.

Sopa de tofu al huevo con albóndigas de cerdo

Para 2-3 personas
Cocción 25 min

Para el tofu al huevo
— 300 ml de leche de soja
— ¼ de cdta. de sal
— 3 huevos

Para la sopa
— 200 g de carne picada de cerdo
— 1½ cdtas. de Saam-gler
  (véase pág. 19)
— 3 cdas. de salsa de soja
— 475 ml de caldo de pollo o cerdo
— 1½ cdtas. de sal
— 2 ramas de apio en trozos
— 1 manojo de cilantro (solo las hojas,
  picadas gruesas), para adornar

Para preparar el tofu al huevo, mezcle la leche de soja con la sal en un bol. Eche los huevos y bátalos despacio con unas varillas o un tenedor. Procure que no se formen burbujas. Vierta la mezcla en un plato hondo de modo que no rebase los 4 cm de profundidad. Ponga el plato en una vaporera y cueza al vapor, al mínimo, de 12 a 15 minutos, hasta que el huevo cuaje. Retírelo y córtelo en dados de 3 cm. (Se conservará en perfecto estado en el frigorífico 2 o 3 días, en un recipiente hermético.)

Para preparar la sopa, mezcle la carne de cerdo con el saam-gler en un bol grande. Incorpore 1 cucharada de la salsa de soja. Forme 20 bolitas con el picadillo y resérvelas en un plato.

Lleve una olla con el caldo y 475 ml de agua a ebullición a fuego medio. Eche las albóndigas, baje un poco el fuego y cuézalas 2 o 3 minutos, hasta que floten. Incorpore la sal y el resto de salsa de soja y, a continuación, el tofu al huevo y el apio. Suba el fuego a temperatura media y prosiga con la cocción 2 minutos más. Sirva la sopa en platos hondos, adornada con cilantro.

Sopa de mújol

Para 4 personas
Cocción 25 min

— 1 trozo de jengibre fresco de 7 cm, pelado y en rodajas
— 1 trozo de galanga de 8 cm, pelado y en rodajas
— 1½ tallos de citronela en rodajas
— 4-5 guindillas ojo de pájaro rojas, frescas y picadas finas
— 2 chalotas en rodajas finas
— 500 g de mújol o pargo en trozos de 5 cm
— 75 ml de vinagre de palmera nica, vinagre de vino blanco o Puré de tamarindo (véase pág. 32)
— ½ cdta. de sal

Ponga a hervir 950 ml de agua en una olla. Eche el jengibre, la galanga, la citronela, la guindilla y la chalota. Lleve de nuevo a ebullición y hierva la sopa 5 minutos. Añada, poco a poco, el pescado y prosiga con la cocción otros 5 minutos. Sazone la sopa con el vinagre y la sal. Repártala entre unos boles y sírvala.

Sopa agridulce de caballa

Para 2-3 personas
Cocción 20 min

— 3 raíces de cilantro picadas*
— ½ cdta. de sal
— 1 cdta. de pasta de gambas
— 4 chalotas picadas
— 800 ml de caldo de pescado o agua
— 4 cdas. de Puré de tamarindo
  (véase pág. 32)
— 1 cda. de azúcar
— 1 cda. de salsa de pescado
— 5 caballas pequeñas enteras
— 1 trozo de jengibre fresco de 3 cm,
  pelado y en juliana
— 25 g de cebolletas picadas
— 5 guindillas ojo de pájaro rojas,
  frescas y cortadas al bies

* *Si no encuentra cilantro con
   raíz, utilice los tallos y doble
   la cantidad indicada.*

Machaque en un mortero la raíz de cilantro, la sal, la pasta de gambas y la chalota hasta obtener una pasta fina. (Si lo prefiere, utilice un robot de cocina.)

Lleve el caldo o el agua a ebullición en una olla a fuego medio. Eche la pasta de raíz de cilantro, remueva y deje que vuelva a hervir. Añada el puré de tamarindo, el azúcar y la salsa de pescado, y llévelo de nuevo a ebullición. Agregue la caballa y cueza la sopa unos 10 minutos. Incorpore el jengibre y la cebolleta. Reparta la sopa entre unos boles, esparza la guindilla por encima y sírvala.

Sopa de róbalo con brotes de cardamomo

Para 4 personas
Cocción 20 min

— 500 g de filetes de róbalo en trozos
   de 4 cm
— 200 g de brotes de cardamomo
   de Siam en trozos de 4 cm*
— 200 g de salak (fruto de la serpiente),
   pelado, o de piña, en dados de 3 cm
— 2-3 hojas de lima kaffir troceadas
— 1 cda. de salsa de pescado
— 1 cdta. de zumo de lima
   recién exprimido
— 3-5 guindillas ojo de pájaro verdes,
   frescas y picadas
— 1 manojo pequeño de cilantro picado

*   *Si no encuentra brotes de cardamomo,*
    utilice brotes de bambú y 2 vainas de
    cardamomo verde. Eche las vainas al
    agua cuando la lleve a ebullición.

Lleve una cazuela con 950 ml de agua a ebullición a fuego medio. Añada el róbalo, los brotes de cardamomo y el salak. Cuando rompa de nuevo a hervir, eche la piña (si utiliza), las hojas de lima kaffir, la salsa de pescado, el zumo de lima, la guindilla y el cilantro, y cuézalo 3 o 4 minutos. Reparta la sopa entre unos boles y sírvala.

Sopa de hierbas aromáticas con róbalo

Para 2 personas
Cocción 20 min

— 2 cdas. de salsa de pescado
— ½ cda. de pasta de gambas
— 4 chalotas picadas
— 3 dientes de ajo picados
— 2 cdas. de Puré de tamarindo
(véase pág. 32)
— 1 cdta. de azúcar de caña sin refinar,
azúcar de palma o azúcar moreno
— 500 g de filetes de róbalo en trozos
del tamaño de un bocado
— 20 hojas de albahaca dulce
— 20 hojas de grosella estrellada
— 20 hojas de albahaca sagrada

Ponga a hervir 475 ml de agua en una olla. Añada la salsa de pescado, la pasta de gambas, la chalota y el ajo, y deje que vuelva a hervir. Eche el tamarindo y el azúcar, y llévelo a ebullición. Agregue el róbalo y cueza la sopa de 3 a 5 minutos. Retírela del fuego y añada las hojas de albahaca dulce, grosella estrellada y albahaca sagrada. Sirva la sopa en platos hondos.

Sopa picante de pez cabeza de serpiente y loto

Para 6-8 personas
Cocción 20 min

— 3 tallos de citronela en trozos de 3 cm
— 4-5 rodajas de galanga o jengibre
— 6 hojas de lima kaffir
— 3-5 chalotas en rodajas
— 2 cdas. de Puré de tamarindo
  (véase pág. 32)
— 1 cdta. de sal
— 800 g de filetes de pez cabeza de
  serpiente o bagre en trozos de 3 cm
— 200 g de tallos o raíces de loto,
  pelados y en trozos de 3 cm
— 2 cdas. de salsa de pescado
— 2 cdas. de zumo de limón
  recién exprimido
— 4-5 guindillas rojas y secas,
  despepitadas y picadas
— 2 ramitas de cilantro picadas,
  para adornar

Lleve una olla con 950 ml de agua a ebullición a fuego medio. Eche la citronela, la galanga, las hojas de lima kaffir, la chalota, el tamarindo y la sal, y llévelo de nuevo a ebullición. Añada el pescado y el loto, y cuézalo 8 minutos. Retírelo del fuego e incorpore la salsa de pescado, el zumo de limón y la guindilla. Sirva la sopa en platos hondos y adórnela con el cilantro.

Sopa picante de langostinos

Para 6 personas
Cocción 20 min

— 475 ml de caldo de pollo
— 1 cdta. de sal
— 10 rodajas finas de galanga o jengibre
— 4 hojas de lima kaffir troceadas
— 5-7 tallos de citronela en trozos
   de 3 cm cortados al bies
— ½ cebolla en rodajas finas
— 2 tomates pera en cuartos
— 150 g de setas de ostra
   o champiñones cortados por la mitad
— 12 langostinos crudos, pelados
   y sin el hilo intestinal
— 3 cdas. de zumo de lima
   recién exprimido
— 5 guindillas ojo de pájaro verdes,
   frescas y majadas
— ¼ de cdta. de azúcar
— 2 cdas. de salsa de pescado
— 3 chalotas pequeñas machacadas
— 3 cebolletas en trozos de 4 cm
— 1 manojo de cilantro picado

Ponga el caldo de pollo con la sal en una olla. Llévelo a ebullición a fuego medio. Eche la galanga, las hojas de lima kaffir y la citronela y, cuando rompa de nuevo a hervir, cuézalo 1 o 2 minutos. Añada la cebolla y el tomate, llévelo de nuevo a ebullición, y agregue las setas y los langostinos. Cueza la sopa 1 minuto, o hasta que los langostinos estén hechos. Incorpore el zumo de lima, la guindilla, el azúcar, la salsa de pescado y la chalota. Reparta la sopa entre unos boles, esparza la guindilla por encima y sírvala.

Sopa de coco con hojas de melinjo y gambas

Para 2 personas
Cocción 10 min

— 475 ml de leche de coco
— 1 cda. de pasta de gambas
— 1 cdta. de azúcar
— ½ cdta. de sal
— 1 puñado de hojas de melinjo
   o espinacas tiernas
— 4-5 gambas crudas y peladas, sin el
   hilo intestinal y con las colas intactas

En una olla, ponga a hervir la leche de coco. Eche la pasta de gambas, el azúcar y la sal, remueva y lleve a ebullición. Añada las hojas de melinjo y las gambas y, cuando la sopa rompa de nuevo a hervir, baje el fuego y cuézala 2 minutos, o hasta que las gambas estén hechas. Sirva la sopa en platos hondos.

Sopa de pollo y coco

Para 4-6 personas
Cocción 25 min

— 800 ml de caldo de pollo
— ½ cdta. de sal
— 1 raíz de cilantro*
— 1 chalota cortada por la mitad
— 2 tallos de citronela cortados al bies
— 6 rodajas finas de galanga o jengibre
— 4 hojas de lima kaffir troceadas
— 300 g de pechuga o muslos de pollo
    sin hueso, en trozos de 3 × 4 cm
— 100 g de pulpa de coco fresca
— 1½ cdas. de salsa de pescado
— 2½ cdtas. de zumo de lima
    recién exprimido
— ½ cdta. de azúcar
— 200 ml de leche de coco
— 1-2 guindillas ojo de pájaro rojas,
    frescas y picadas
— 10 g de cilantro picado
— 2 cocos tiernos abiertos por arriba
    y escurridos (guarde la parte superior
    a modo de tapadera)
— 1 cdta. de Mermelada de guindillas
    (véase pág. 12)
— 4 guindillas ojo de pájaro rojas,
    secas y despepitadas, para adornar

* *Si no encuentra cilantro con
    raíz, utilice los tallos y doble
    la cantidad indicada.*

Ponga el caldo con la sal en una olla, y llévelo a ebullición a fuego medio.

Machaque en un mortero la raíz de cilantro con la chalota, la citronela, la galanga y las hojas de lima kaffir. (Si lo prefiere, utilice un robot de cocina.) Eche la mezcla en la olla con el caldo y deje que hierva un par de minutos. Añada el pollo y cuézalo 3 o 4 minutos, hasta que esté hecho. Incorpore la pulpa de coco, la salsa de pescado, el zumo de lima, el azúcar y la leche de coco, y cueza la sopa otros 2 minutos. Agregue la guindilla fresca y el cilantro, y reparta la sopa entre los cocos. Adórnela con la mermelada de guindillas y la guindilla seca, y sírvala.

Sopa agripicante de pollo con hojas de tamarindo

Para 4 personas
Cocción 30 min

— 950 ml de caldo de pollo
— ½ cdta. de sal
— 5 rodajas finas de galanga o jengibre
— 2 tallos de citronela en trozos
    de 4 cm cortados al bies
— 3 chalotas pequeñas
    machacadas ligeramente
— 200 g de pechuga de pollo con hueso
    en trozos pequeños
— 2 cdas. de salsa de pescado
— 4 hojas de lima kaffir troceadas
— 1 puñado de hojas de tamarindo
    tiernas
— 2 tomates en cuñas
— 5 guindillas ojo de pájaro rojas,
    frescas y ligeramente machacadas

Ponga el caldo con la sal en una olla y llévelo a ebullición a fuego vivo. Eche la galanga, la citronela y la chalota, y deje que hierva 1 minuto. Añada el pollo y llévelo de nuevo a ebullición. Espume el caldo. Baje el fuego y cuézalo de 15 a 20 minutos, hasta que el pollo esté hecho y tierno. Incorpore la salsa de pescado, las hojas de lima kaffir, las hojas de tamarindo, el tomate y las guindillas. Sirva la sopa en platos hondos.

Curries

Haga buen acopio de leche de coco. Este ingrediente
es muy apreciado en el sur de Tailandia, donde los cocos
—y los monos adiestrados que los recolectan— son parte
esencial de la vida rural. La leche de coco está presente
en varios de estos tipos de curry, absolutamente deliciosos.
Hay opciones para todos los gustos: de cerdo y cardamomo;
de pato asado, típico del sur de Tailandia; de pollo con
brotes de cardamomo; de cangrejo con hojas de betel;
e incluso de setas, apto para pescetarianos, magnífico
con la albahaca dulce y las guindillas ojo de pájaro.

Curry de bagre y albahaca africana

Para 3-4 personas
Cocción 20 min

— 2 cdas. de aceite vegetal
— 2 cdas. de Pasta de guindillas
  del sur (véase pág. 18)
— 400 ml de leche de coco
— 500 g de bagre, sin la cabeza
  y en trozos de 2 cm
— 1 guindilla ojo de pájaro verde,
  fresca y cortada en rodajas al bies
— 1 guindilla ojo de pájaro roja,
  fresca y cortada al bies
— 1½ cdtas. de salsa de pescado
— ½ cdta. de azúcar
— 2 manojos de hojas de albahaca
  africana o sagrada picadas
— sal

Caliente el aceite en un wok a fuego medio. Añada la pasta de guindillas y saltéela durante 1 o 2 minutos, hasta que desprenda su aroma. Vierta la leche de coco y llévela a ebullición. Eche el pescado, cuézalo 4 minutos y, a continuación, agregue la guindilla, la salsa de pescado, el azúcar y una pizca de sal. Remueva el curry y déjelo al fuego un par de minutos más, hasta que el pescado haya tomado todo el sabor de los condimentos. Añada la albahaca, remueva un par de veces y sírvalo.

Curry de pescado frito

Para 8 personas
Cocción 25 min + tiempo de remojo

Para la pasta de guindillas
— 20 g de guindillas rojas, secas
  y picadas
— 1 chalota picada
— 1 diente de ajo grande picado
— 1 cdta. de galanga o jengibre
  pelado y picado
— 1 cda. de jengibre picado
— 1 cda. de citronela picada
— 1 cda. de pasta de gambas
— 1 cdta. de sal

Para el curry
— 1 kg de pargo o salmonetes,
  limpios y sin las colas
— 950 ml de aceite vegetal, para freír,
  y 60 ml más
— 2 cdas. de salsa de pescado
— 1 cda. de azúcar
— 1 cdta. de pimienta blanca molida
— la ralladura de ½ lima kaffir

Para preparar la pasta de guindillas, remoje las guindillas en un bol de agua templada 15 minutos, o hasta que se rehidraten. Escúrralas y píquelas.

Machaque en un mortero la guindilla, la chalota, el ajo, la galanga, el jengibre y la citronela hasta obtener una pasta fina. (Si lo prefiere, utilice un robot de cocina.) Incorpore la pasta de gambas y la sal, y resérvela.

Para preparar el curry, corte el pescado en 3 trozos a lo ancho. Caliente 950 ml de aceite en un wok o una freidora a 170 °C. Fríalo unos 7 minutos, hasta que se dore y esté crujiente. Retírelo y escúrralo sobre papel de cocina.

Caliente los 60 ml de aceite restantes en una cazuela a fuego medio. Añada la pasta de guindillas y saltéela 3 minutos, o hasta que desprenda su aroma. Vierta 120 ml de agua e incorpore la salsa de pescado, el azúcar y la pimienta blanca. Agregue el pescado, remueva y saltee otros 3 o 4 minutos. Adórnelo con la ralladura de lima y sírvalo.

Curry picante de pescado con fideos finos de arroz

Para 5 personas
Cocción 20 min + tiempo de remojo

Para la pasta de guindillas
— 5-8 guindillas rojas, secas
   y despepitadas
— 1 cdta. de sal
— 1½ cdtas. de citronela picada
— 2 cdtas. de galanga o jengibre picado
— 2 chalotas picadas
— 3 dientes de ajo picados gruesos
— 1½ cdtas. de raíz de cúrcuma picada
   fina o ½ cdta. de cúrcuma molida

Para el curry
— 2 cdas. de pasta de gambas
— 150 g de pescado cocido
— 475 ml de leche de coco
— 150 g de bolitas de pescado
— 4 cdas. de salsa de pescado
— 2 cdas. de azúcar de caña sin refinar,
   azúcar de palma o azúcar moreno
— 2 garcinias deshidratadas o 1 cda.
   de Puré de tamarindo (véase pág. 32)
— 120 ml de crema de coco
— 800 g de fideos finos de arroz
   cocidos
— huevos duros, para adornar
— verduras u hortalizas crudas o al vapor,
   como judías, brotes, lechuga y pepino

Para preparar la pasta de guindillas, remoje las guindillas en un bol de agua templada durante 15 minutos, o hasta que se rehidraten. Escúrralas y píquelas. Machaque en un mortero la guindilla con la sal, la citronela, la galanga, la chalota, el ajo y la cúrcuma hasta obtener una pasta. (Si lo prefiere, utilice un robot de cocina.)

Para preparar el curry, incorpore con la mano de mortero la pasta de gambas y el pescado cocido.

Caliente la leche de coco en una cazuela a fuego medio-bajo. Eche la pasta de pescado, remueva y llévelo a ebullición. Hiérvalo 3 o 4 minutos, agregue las bolitas de pescado y condiméntelo con la salsa de pescado, el azúcar y la garcinia deshidratada, o el puré de tamarindo. Baje el fuego, incorpore la crema de coco y cuézalo a fuego suave 3 minutos. Retire el curry y páselo a una fuente grande de servicio.

Disponga los fideos de arroz en una fuente aparte y adórnelos con unos huevos duros. Sirva el curry acompañado de los fideos y las verduras u hortalizas, crudas o al vapor.

Curry de cangrejo con hojas de betel

Para 2 personas
Cocción 25 min + tiempo de remojo

Para la pasta de curry rojo
— 3 guindillas rojas, secas y grandes
— 5 guindillas ojo de pájaro secas
— 1 raíz de cilantro*
— 1 cda. de citronela y otra de galanga
  en rodajas finas
— 2 chalotas y 2 dientes de ajo picados
— ¾ de cdta. de ralladura fina de lima
— sal y pimienta blanca recién molida
— 1½ cdas. de pimienta negra molida
— ½ cdta. de semillas de comino tostadas
— ½ cdta. de semillas de cilantro tostadas
— 2 cdtas. de cúrcuma fresca picada
— ¼ de cdta. de pasta de gambas

Para el curry
— 400 g de fideos finos de arroz secos
— 2 cdas. de aceite vegetal
— 475 ml de leche de coco
— 1½ cdtas. de salsa de pescado
— 1½ cdtas. de azúcar de caña sin refinar
— 2 hojas de lima kaffir
— 100 g de hojas de betel troceadas
  finas, y unas pocas más para servir
— 250 g de carne de cangrejo
— 10 hojas de cilantro
— 1 guindilla roja, despepitada
  y en tiras

Para preparar la pasta de curry rojo, remoje las guindillas en agua templada 15 minutos. Escúrralas y píquelas. Macháquelas en un mortero con el resto de los ingredientes hasta obtener una pasta fina. (Si lo prefiere, utilice un robot de cocina.)

Para preparar el curry, remoje los fideos en agua 5 minutos. Escúrralos. Cuézalos en agua hirviendo 1 o 2 minutos. Enjuáguelos con agua fría y escúrralos.

Caliente el aceite a fuego medio, añada 3 cucharadas de la pasta de curry y saltéela 1 o 2 minutos. Vierta la leche de coco y llévela a ebullición. Eche la salsa de pescado, el azúcar, las hojas de lima y betel, y cueza 1 o 2 minutos. Añada el cangrejo y cuézalo 1 minuto más.

Con las manos, forme 10 rollitos con los fideos. Colóquelos sobre las hojas de betel y adórnelos con 1 hoja de cilantro y 2 tiras de guindilla. Sirva el curry en boles y sírvalo con los rollitos.

*   Si no encuentra cilantro con raíz, utilice los tallos y doble
    la cantidad indicada.

Curry de pescado con noodles de arroz fermentado

Para 6 personas
Cocción 30 min

— 700 g de filetes de bagre, róbalo
   o pez cabeza de serpiente
— 3 cdas. de Pasta de guindillas del sur
   (véase pág. 18)
— 1 litro de leche de coco
— 3½ cdas. de salsa de pescado
— 4 hojas de lima kaffir troceadas
— ½ cdta. de azúcar

Para servir
— 1 kg de noodles de arroz o de arroz
   fermentado cocidos
— 100 g de brotes de soja
— 300 g de judías de metro o judías
   verdes en trocitos
— 1 tallo de citronela en rodajas finas
— 1 pepino en rodajas

Ponga el pescado en una vaporera y cuézalo de 5 a 7 minutos, hasta que esté hecho. Retírelo de la vaporera y separe y deseche la piel.

Machaque en un mortero el pescado con la pasta de guindillas hasta que se mezclen bien. Resérvelo.

Lleve la leche de coco a ebullición en una olla a fuego medio. Añada la pasta de pescado con guindillas y remueva hasta que esté bien incorporada. Lleve de nuevo a ebullición, baje el fuego y cuézalo unos 2 minutos. Incorpore la salsa de pescado, las hojas de lima kaffir y el azúcar, y prosiga con la cocción otros 5 minutos, o hasta que los sabores se hayan mezclado. Retírelo del fuego y resérvelo.

Para servir, reparta los noodles entre varios boles y vierta 175 ml del curry en cada uno. Eche los brotes de soja, las judías, la citronela y el pepino, y sírvalo.

Curry de cerdo con brotes de cardamomo de Siam

Para 2 personas
Cocción 25 min + tiempo de remojo

— 150 g de brotes de cardamomo
   de Siam en rodajas finas*
— 400 ml de leche de coco
— 3 cdas. de Pasta de guindillas del sur
   (véase pág. 18)
— 300 g de solomillo o chuletas de cerdo,
   sin hueso y en filetes finos
— 1½ cdtas. de salsa de pescado
— ½ cdta. de sal
— ½ cdta. de azúcar
— 5 hojas de lima kaffir troceadas
— Arroz jazmín al vapor
   (véase pág. 204), para servir

*   *Si no encuentra brotes de cardamomo,*
   utilice la misma cantidad de brotes
   de bambú y 4 vainas de cardamomo
   verde. Eche las vainas a la leche de
   coco cuando la lleve a ebullición.

Ponga los brotes de cardamomo en un bol
con agua y déjelos en remojo 1 o 2 minutos.
Escúrralos y resérvelos.

Lleve la mitad de la leche de coco a ebullición
en una cazuela a fuego medio. Eche la pasta
de guindillas y remueva 4 o 5 minutos, hasta que
desprenda su aroma y la leche de coco se haya
espesado. Añada la carne de cerdo y los brotes
de cardamomo, y prosiga con la cocción unos
5 minutos, hasta que la carne esté hecha.
Incorpore la leche de coco restante y condimente
el curry con la salsa de pescado, la sal, el azúcar
y las hojas de lima kaffir. Llévelo de nuevo a
ebullición y cuézalo 3 o 4 minutos. Sírvalo con
el arroz.

Curry de pato asado con lichis

Para 4 personas
Cocción 30 min + tiempo de marinar

— 400 g de pechuga de pato con piel
— 1 cda. de salsa de soja
— 3 cdas. de aceite vegetal
— 2½ cdas. de Pasta de curry rojo
  (véase pág. 16)
— 400 ml de leche de coco
— 100 ml de caldo de pollo
— 2½ cdtas. de salsa de pescado
— 2½ cdas. de azúcar de caña sin refinar,
  azúcar de palma o azúcar moreno
— 2-3 berenjenas redondas en cuartos
— 100 g de berenjenas guisante
— 100 g de piña fresca en dados de 3 cm
— 5-6 hojas de lima kaffir troceadas
— 10 lichis o rambutanes,
  pelados y deshuesados
— Arroz jazmín al vapor
  (véase pág. 204), para servir
— hojas de albahaca tailandesa,
  para adornar
— 1 guindilla ojo de pájaro roja, fresca
  y en rodajas finas, para adornar

Ponga la pechuga de pato en un plato hondo, úntela bien con la salsa de soja y déjala marinar de 5 a 10 minutos.

Precaliente el gratinador a la temperatura máxima. Coloque la pechuga de pato en la rejilla y gratínela unos 7 u 8 minutos por cada lado, hasta que la piel se dore. Retírela y córtela en filetes de 1½ cm de grosor. Resérvelos.

Caliente el aceite en un wok a fuego medio. Añada la pasta de curry y saltéela 1 o 2 minutos, hasta que chisporrotee y desprenda su aroma. Vierta la leche de coco, llévela a ebullición y cuézala 2 o 3 minutos. Añada el pato y el caldo de pollo, y prosiga con la cocción 3 o 4 minutos. Incorpore la salsa de pescado, el azúcar, los dos tipos de berenjena, la piña, las hojas de lima kaffir y los lichis. Cuézalo otros 4 o 5 minutos.

Sirva el curry con el arroz, y adórnelo con las hojas de albahaca y la guindilla roja.

Curry de pollo con hierbas

Para 6 personas
Cocción 30 min

— 3 cdas. de aceite vegetal
— 3 cdas. de Pasta de curry rojo
  (véase pág. 16)
— 700 g de muslos de pollo,
  deshuesados y en trocitos
— 1 cdta. de sal
— 80 g de brotes de cardamomo
  de Siam picados*
— 65 g de berenjenas guisante
  o de berenjenas redondas en dados
— ½ cda. de hojas de lima kaffir picadas
— 1 guindilla ojo de pájaro verde,
  fresca y cortada en rodajas al bies
— 1 guindilla ojo de pájaro roja,
  fresca y cortada al bies
— Arroz jazmín al vapor
  (véase pág. 204), para servir

* *Si no encuentra brotes de cardamomo,*
  utilice la misma cantidad de brotes
  de bambú y las semillas de 2 vainas
  de cardamomo. Añada las semillas
  al mismo tiempo que las berenjenas.

Caliente el aceite en un wok a fuego medio. Saltee la pasta de curry 1 minuto, o hasta que desprenda su aroma. Añada el pollo y dórelo durante unos 4 o 5 minutos. Vierta con cuidado 120 ml de agua y cuézalo 10 minutos más, o hasta que esté cocido. Sale al gusto. Agregue los brotes de cardamomo y la berenjena, y cuézalo todo 2 minutos. Eche las hojas de lima kaffir y la guindilla, y déjelo al fuego otros 2 minutos.

Llene un bol de arroz hasta el borde y vuélquelo en el centro de una fuente. Sírvalo con el curry.

Curry picante de pollo con brotes de bambú

Para 2 personas
Cocción 25 min

— 4-5 guindillas ojo de pájaro rojas
   y naranjas, frescas y picadas
— 4-5 dientes de ajo picados
— 2 cdas. de aceite vegetal
— 200 g de pechuga de pollo sin hueso,
   sin piel y en trozos del tamaño de
   un bocado
— 300 g de brotes de bambú en rodajas
— 2 cdas. de salsa de pescado
— 1 cdta. de azúcar
— 4-5 hojas de lima kaffir troceadas
— 1 manojo de hojas de albahaca
   o albahaca sagrada, para adornar
— 1 guindilla ojo de pájaro roja, fresca
   y cortada al bies, para adornar
— Arroz jazmín al vapor
   (véase pág. 204), para servir

En un mortero, machaque las guindillas con el ajo hasta obtener una pasta fina.

Caliente el aceite en un wok a fuego medio. Añada la pasta de guindillas con ajo y saltéela 1 minuto, o hasta que desprenda su aroma. Agregue el pollo y dórelo 3 o 4 minutos. Eche los brotes de bambú y saltéelos 1 minuto. Condimente el curry con la salsa de pescado, el azúcar y las hojas de lima kaffir, y saltéelo 3 o 4 minutos, hasta que todos los ingredientes estén bien mezclados. Adórnelo con las hojas de albahaca y la guindilla, y sírvalo con arroz.

Curry de setas al vapor en hojas de plátano

Para 2 personas
Cocción 30 min

— 150 g de setas, como setas
    de haya o hoshimeji, limpias
    y con los pies picados
— 2 cdas. de huevo batido
— 1 tallo de citronela en rodajas finas
— 1 manojo de hojas de albahaca
    troceadas
— 2-3 guindillas ojo de pájaro rojas
    y frescas
— 1 chalota en rodajas
— 2½ cdtas. de salsa de pescado
— 2 hojas de plátano de unos
    20 × 23 cm

Mezcle, en un bol, las setas con el huevo, la citronela, la albahaca, las guindillas y la chalota. Incorpore la salsa de pescado.

Coloque las 2 hojas de plátano sobre una superficie de trabajo, de modo que la parte satinada de ambas mire hacia fuera. Disponga el relleno de setas en el centro de la hoja y aplánelo un poco para que le resulte más fácil enrollarlo. Doble los lados de la hoja sobre el relleno, haga lo mismo con los extremos y sujete el paquetito con un palillo.

Cuézalo al vapor 15 minutos o hasta que el curry de setas esté hecho. Desenvuélvalo y sírvalo.

Asados, escalfados y fritos

Si quiere sorprender en su próxima barbacoa y darle un
descanso al típico «sal, pimienta y aceite de oliva»,
eche unas gambas con especias tailandesas en la parrilla.
Este apartado recoge todas las recetas de marisco asado,
escalfado y frito que necesita: desde gambas y calamares
asados, hasta róbalo frito y cangrejos al ajillo con salsa de
ostras. Aunque el sur de Tailandia es más conocido por
el marisco, los pescados a la parrilla también son muy
populares en Bangkok y en el norte del país, donde triunfan
las brochetas de salchichas de pescado o de berenjena
ahumada a la brasa.

Gambas de río gigantes asadas

Para 4 personas
Cocción 10 min

— 1 kg de gambas gigantes de río,
  crudas y cortadas por la mitad
  a lo largo
— Salsa para marisco (véase pág. 26)

Antes de ponerse a cocinar, compruebe que las brasas de la barbacoa están preparadas o que el gratinador de gas está precalentado a 200 °C. Ase las gambas con calor indirecto 3 o 4 minutos por cada lado, hasta que tomen un color rosado y estén hechas. Sírvalas con la salsa.

Asados, escalfados y fritos

Calamares asados

Para 2 personas
Cocción 20 min

— 1 calamar de 400 g limpio
— Salsa para marisco (véase pág. 26),
   para servir

Antes de ponerse a cocinar, compruebe que las brasas de la barbacoa están preparadas o que el gratinador de gas está precalentado a 200 °C. (Si lo prefiere, utilice una barbacoa de interior precalentada a la temperatura máxima, con la parrilla a unos 10 cm de la fuente de calor.)

Practique 3 o 4 cortes a lo ancho en el cuerpo del calamar sin llegar a atravesar la carne. Ase el calamar a fuego vivo durante 6 o 7 minutos por cada lado, hasta que esté hecho. (Si utiliza una barbacoa de interior, ponga el calamar en la parrilla y áselo 6 o 7 minutos por cada lado, hasta que esté hecho.) Retírelo del fuego y córtelo en rodajas. Sírvalo con la salsa.

Jurel asado

Para 2 personas
Cocción 20 min

Para la salsa
— 120 ml de Puré de tamarindo
   (véase pág. 32)
— 2½ cdas. de azúcar de caña sin refinar,
   azúcar de palma o azúcar moreno
— 3 guindillas ojo de pájaro rojas
   y verdes, frescas y picadas
— 2 chalotas picadas finas
— 1 cdta. de sal

Para el pescado
— 1 jurel, carite lucio o sargo de 650 g
— ¾ de cdta. de sal
— 1 hoja de plátano, para envolver

Para preparar la salsa, mezcle el puré de tamarindo con el azúcar en un cazo y llévelo a ebullición a fuego medio, removiendo hasta que el azúcar se disuelva. Deje enfriar la salsa y añada la guindilla, la chalota y la sal. Resérvela.

Antes de ponerse a cocinar, compruebe que las brasas de la barbacoa están preparadas o que el gratinador de gas está precalentado a 180 °C. (Si lo prefiere, utilice una barbacoa de interior precalentada a temperatura media, con la parrilla a unos 10 cm de la fuente de calor.)

Unte el pescado con sal y colóquelo en el centro de la hoja de plátano. Doble los lados de la hoja sobre el pescado, haga lo mismo con los extremos y sujételo con palillos.

Ase el pescado a fuego medio de 6 a 8 minutos por cada lado, hasta que esté hecho. (Si utiliza una barbacoa de interior, ponga el pescado en la parrilla y áselo unos 7 u 8 minutos por cada lado, dándole la vuelta de vez en cuando, hasta que esté hecho.) Desenvuelva el pescado y sírvalo con la salsa.

Pescado al vapor con calabaza y hierbas

Para 4 personas
Cocción 25 min

— 1 tilapia de 400 g
— ½ cdta. de sal
— 2 chalotas picadas
— 2 dientes de ajo picados
— 1 cdta. de pimienta negra en grano
— 3 raíces de cilantro picadas*
— 1 cda. de salsa de soja
— 2 tallos de citronela cortados por la
   mitad a lo ancho y machacados
— 8 rodajas finas de galanga o jengibre
— 200 g de calabaza cortada
   en 3 o 4 cuñas
— 1 manojo de hojas de albahaca
   o albahaca sagrada, para adornar

Para servir
— Arroz jazmín al vapor
   (véase pág. 204)
— Salsa para marisco (véase pág. 26)

* *Si no encuentra cilantro con*
   raíz, utilice los tallos y doble
   la cantidad indicada.

Lave el pescado con agua fría, séquelo con papel de cocina, frótelo con la sal y resérvelo.

En un mortero, machaque ligeramente la chalota, el ajo, la pimienta y la raíz de cilantro hasta obtener una textura gruesa. Añada la salsa de soja y rellene el pescado con la mezcla.

Disponga la citronela y la galanga en el centro de una fuente refractaria grande o en un recipiente de aluminio, y coloque el pescado encima. Reparta la calabaza alrededor del pescado y cuézalo en una vaporera durante 15 minutos, o hasta que el pescado esté hecho. Adórnelo con la albahaca y sírvalo con el arroz y la salsa.

Caballa escalfada en dulce

Para 3 personas
Cocción 15 min

— 5 caballas pequeñas enteras
— 5 dientes de ajo aplastados
— 1 trozo de jengibre fresco de 5-8 cm,
  pelado y triturado
— 2 cdas. de azúcar de caña sin refinar,
  azúcar de palma o azúcar moreno
— 1 cda. de Puré de tamarindo
  (véase pág. 32)
— 1 cdta. de sal

Ponga todos los ingredientes en una olla de agua con sal y llévelos a ebullición. Baje el fuego al mínimo y cuézalos hasta que el pescado esté hecho pero conserve su forma. Sírvalo caliente o frío.

Calabaza con leche de coco

Para 6-8 personas
Cocción 20 min

— 1 kg de calabaza tailandesa
   o calabaza japonesa, pelada
   y despepitada
— 1,4 litros de leche de coco
— 225 g de azúcar de caña sin refinar,
   azúcar de palma o azúcar moreno
— 50 g de azúcar extrafino
— 1 cdta. de sal
— 300 ml de crema de coco

Corte la calabaza en bastoncitos de 3 cm. Lávela bajo un chorro de agua fría y póngala en una olla.

Vierta la leche de coco en la olla y llévela a ebullición a fuego medio. Baje el fuego a temperatura media-baja y cueza la calabaza unos 10 minutos, hasta que esté tierna. Añada los dos tipos de azúcar y, cuando rompa de nuevo a hervir, incorpore la crema de coco. Llévela a ebullición, retírela del fuego y sírvala.

Róbalo frito

Para 4 personas
Cocción 30 min

— 80 g de mango verde, papaya verde
   o jícama, pelados y en juliana
— 50 g de zanahorias en juliana
— 5 chalotas picadas
— 3 cdas. de salsa de pescado
— 2 cdas. de zumo de lima
   recién exprimido
— 4-5 guindillas ojo de pájaro
   rojas y verdes, frescas y picadas
— 1½ cdas. de azúcar extrafino
— 1 róbalo o pargo de 500 g
— 750 ml de aceite vegetal, para freír

Para la cobertura
— 1 cda. de salsa de pescado
— 1 cda. de azúcar de caña sin refinar,
   azúcar de palma o azúcar moreno

Ponga el mango, la zanahoria, la chalota, la salsa de pescado, el zumo de lima, la guindilla y el azúcar en un bol, y remueva bien. Resérvelo.

Corte el pescado en mariposa. Para ello, realice un corte de arriba abajo siguiendo la espina dorsal, sin llegar a la base, y abra el pescado en dos filetes, dejando la cabeza y las espinas intactas. Séquelo con papel de cocina.

Caliente el aceite en un wok o en una freidora a 180 °C, o hasta que al echar un trocito de pan se dore en 30 segundos. Fría el pescado hasta que se dore y esté crujiente. Retírelo y escúrralo sobre papel de cocina. Reserve 1 cucharada del aceite.

Para preparar la cobertura del pescado, ponga la salsa de pescado con el azúcar en un bol, y remueva hasta que se disuelva el azúcar.

Caliente la cucharada de aceite reservada en un wok a fuego medio. Eche la cobertura del pescado y caliéntela 1 minuto, o hasta que chisporrotee. Viértala sobre el pescado y añada la ensalada de mango. Sírvalo.

Róbalo frito con salsa picante

Para 4 personas
Cocción 30 min

— 1 róbalo de 600 g
— 1 litro de aceite vegetal,
   y 2 cdas. más
— 6 dientes de ajo picados
— 2 guindillas ojo de pájaro rojas,
   frescas y picadas
— 2 cdas. de azúcar
— 2 cdas. de salsa de pescado

Ponga el pescado en una tabla de cocina y, con un cuchillo afilado, hágale 2 o 3 cortes superficiales en cada lado. Resérvelo.

Caliente el litro de aceite en un wok grande o en una freidora en la que quepa el pescado entero a 180 °C, o hasta que al echar un trocito de pan se dore en 30 segundos. Fría el pescado de unos 10 a 12 minutos por cada lado, hasta que se dore. Retírelo con una espumadera y déjelo escurrir sobre papel de cocina. Resérvelo y deseche el aceite.

En el mismo wok, caliente las 2 cucharadas de aceite restantes a fuego medio. Eche el ajo, la guindilla, el azúcar, la salsa de pescado y 1 cucharada de agua, y saltéelo 1 minuto hasta que se disuelva el azúcar. Ponga la salsa en un bol y sírvala con el pescado.

Róbalo frito sobre hojas de betel

Para 4 personas
Cocción 30 min

— 1 róbalo de 400 g fileteado con la piel
  (reservar la espina)
— 60 g de harina de trigo
— 750 ml de aceite vegetal, para freír
— 1 cda. de salsa de pescado
— 3 cdas. de azúcar de caña sin refinar,
  azúcar de palma o azúcar moreno
— 40 g de cacahuetes
— 1 trozo de jengibre fresco de 4 cm,
  pelado y cortado en dados de 1 cm
— 1-2 limas cortadas en dados de 1 cm
— 1 chalota cortada en dados de 1 cm
— 8 guindillas ojo de pájaro, frescas
  y picadas
— 3 tallos de citronela en rodajas finas
— 4 cdas. de Chalotas fritas
  (véase pág. 34)
— 20 hojas de betel u hojas de shisho,
  para servir

Corte el róbalo en dados de 2 cm. Reboce el pescado en harina de manera uniforme. Resérvelo. Espolvoree el resto de la harina sobre la espina del róbalo y guárdela.

Caliente el aceite en un wok o en una freidora a 180 °C, o hasta que al echar un trocito de pan se dore en 30 segundos. Fría el pescado 3 o 4 minutos, o hasta que se dore. Déjelo escurrir sobre papel de cocina. Eche la espina en el wok y fríala 3 minutos por cada lado. Séquela con papel de cocina.

Mezcle la salsa de pescado con el azúcar y remueva a fuego medio-bajo 2 o 3 minutos hasta que se disuelva el azúcar. Deje enfriar la salsa y pásela a un bol. Añada los cacahuetes, el jengibre, la lima, la chalota, la guindilla y la citronela, y remuévala bien. Resérvela.

Disponga la espina frita en una fuente y coloque los dados de pescado encima. Añada la salsa de cacahuetes y esparza la chalota frita. Para servir, coja porciones del tamaño de un bocado, envuélvalas en hojas de betel y cómaselas enteras.

Vieiras rellenas de cerdo y cangrejo

Para 4-6 personas
Cocción 30 min

— 500 g de carne picada de cerdo
— 65 g de castañas de agua
   en conserva, en daditos
— 500 g de carne de cangrejo
— 2 cebollas picadas finas
— 3 raíces de cilantro picadas finas*
— 2 cdas. de salsa de soja
— 3 huevos
— 12 valvas de vieira
— 475 ml de aceite vegetal, para freír
— 3 cdas. de harina de trigo
— hojas de lechuga, para servir
— Salsa dulce de guindillas
   (véase pág. 30)
— tiras finas de pimiento rojo,
   verde y naranja, para adornar

* *Si no encuentra cilantro con
   raíz, utilice los tallos y doble
   la cantidad indicada.*

Coloque el cerdo, las castañas de agua, la carne de cangrejo y la cebolla en un bol, y remueva bien. Añada la raíz de cilantro, la salsa de soja y 1 huevo, y remueva. Reparta el relleno entre las valvas de vieira y póngalas en una vaporera.

Caliente el aceite en un wok grande o en una freidora a 180 °C, o hasta que al echar un trocito de pan se dore en 30 segundos.

Mientras el aceite se calienta, cueza al vapor las vieiras rellenas durante 10 minutos.

Bata los huevos restantes con la harina hasta que no queden grumos. Por tandas, pase las vieiras rellenas al vapor por el huevo y sumérjalas, con cuidado, en el aceite caliente. Fríalas de unos 4 a 6 minutos, hasta que se doren y estén muy crujientes. Retírelas con una espumadera y déjelas escurrir sobre papel de cocina.

Sírvalas con hojas de lechuga y salsa dulce de guindillas. Adórnelas con el pimiento.

Cangrejos de caparazón blando al ajillo

Para 2 personas
Cocción 25 min

— 950 ml de aceite vegetal
— 10 dientes de ajo, sin pelar y picados
— 1 cda. de Saam-gler (véase pág. 19)
— 3 cdas. de salsa de ostras
— 1 cda. de azúcar extrafino
— 4 cangrejos de caparazón blando
  (de 100 g cada uno), limpios
  y en cuartos
— hojas de lechuga, para servir
— Salsa dulce de guindillas
  (véase pág. 30), para servir

Caliente 75 ml del aceite en un wok a fuego medio-bajo. Añada el ajo y saltéelo 1 minuto, o hasta que se dore y esté crujiente. Retírelo con una espumadera y déjelo escurrir sobre papel de cocina.

Ponga el saam-gler, la salsa de ostras y el azúcar en un bol grande, y remueva bien. Añada los cangrejos y remueva con cuidado.

Caliente los 875 ml de aceite restantes en un wok o en una freidora a 180 °C, o hasta que al echar un trocito de pan se dore en 30 segundos. Fría los cangrejos de 8 a 10 minutos, hasta que se doren y estén crujientes. Retírelos con una espumadera y déjelos escurrir sobre papel de cocina.

Disponga los cangrejos sobre un lecho de hojas de lechuga, esparza los ajos crujientes por encima y sírvalos con salsa dulce de guindillas.

Gambas fritas

Para 2 personas
Cocción 15 min

— 60 g de harina de trigo
— 80 g de harina de arroz
— 60 g de harina de tapioca
— ¼ de cdta. de levadura en polvo
— ¼ de cdta. de sal
— 50 g de pan rallado casero o panko
— 250 g de gambas crudas y peladas,
    sin el hilo intestinal y con las
    colas intactas
— 750 ml de aceite vegetal, para freír
— Salsa dulce de guindillas
    (véase pág. 30)

Ponga los tres tipos de harina, la levadura, la sal y 235 ml de agua en un bol grande, y remueva hasta que se disuelva la harina. Resérvelo.

Esparza el pan rallado en un plato. Pase las gambas por la mezcla de harina y, después, por el pan rallado.

Caliente el aceite en un wok o en una freidora a 180 °C, o hasta que al echar un trocito de pan se dore en 30 segundos. Fría las gambas 4 o 5 minutos, por tandas, hasta que se doren. Retírelas con una espumadera y déjelas escurrir sobre papel de cocina. Sírvalas con la salsa.

Hebras de cerdo en hojas de brócoli chino

Para 10 unidades
Cocción 15 min

Para la salsa agridulce
— 2½ cdas. de azúcar de caña sin refinar, azúcar de palma o azúcar moreno
— 1 cda. de salsa de pescado
— 1 cda. de zumo de lima recién exprimido
— 1½ cdtas. de jugo de ciruelas encurtidas (opcional)

Para la carne
— 1 trozo de jengibre fresco de 3 cm, pelado y cortado en dados de 1 cm
— 6 guindillas ojo de pájaro rojas y verdes, frescas y picadas finas
— 2 chalotas picadas finas
— 2 tallos de citronela en rodajas finas
— 3 cdas. de cacahuetes tostados
— 1 lima cortada en dados de 1 cm
— 50 g de rousong (hebras de carne de cerdo deshidratadas)
— 20 hojas de brócoli chino

Para preparar el aliño, caliente en un cazo a fuego medio el azúcar con la salsa de pescado, el zumo de lima y el jugo de ciruelas encurtidas (si utiliza) unos 2 minutos, o hasta que el azúcar se haya disuelto y se empiece a caramelizar. Déjelo que se enfríe.

Para preparar la carne, mezcle el jengibre con la guindilla, la chalota, la citronela, los cacahuetes, la lima, el rousong y el aliño en un bol grande.

Para servir, extienda las hojas de brócoli sobre una fuente y disponga 1½ cucharadas de la mezcla de carne en el centro de cada una.

Salteados

Los cocineros tailandeses conocen muy bien los sabores
que mejor funcionan en un salteado y cómo potenciarlos
rápidamente con unos cuantos ingredientes. Cómprese
un wok, un económico utensilio que presenta múltiples
ventajas. Por su forma, permite manipular los ingredientes
con facilidad y mantener la cocina más limpia que con una
olla refractaria o una sartén, ya que la grasa suele quedar
recogida en su interior. En este apartado, encontrará brócoli
chino salteado con pescado en salazón, un producto muy
popular y apreciado en el nordeste de Tailandia. También
un salteado de buey y brócoli con salsa de ostras —listo en
15 minutos—, y una receta de phat thai (uno de los platos
más emblemáticos del país) que se puede preparar en
30 minutos.

Salteado de tofu con brotes de soja

Para 2 personas
Cocción 15 min

— 250 ml de aceite vegetal
— 100 g de tofu extrafirme
 en dados de 2 cm
— 5 dientes de ajo picados finos
— 300 g de brotes de soja
— 3 guindillas ojo de pájaro rojas,
 frescas y cortadas al bies
— 2 cebolletas en trozos de 3 cm
— 2 cdas. de salsa de ostras
— 1 cdta. de salsa de soja

Caliente el aceite en un wok a fuego medio. Saltee el tofu 4 o 5 minutos, hasta que se dore. Retírelo con una espumadera y resérvelo. Escurra el aceite del wok excepto 2 cucharadas. Suba el fuego a temperatura media-alta y caliente el aceite. Agregue el ajo y los brotes de soja, y saltéelos 1 o 2 minutos. Añada la guindilla, la cebolleta, la salsa de ostras, la salsa de soja y el tofu, y saltéelo todo 1 minuto más. Sírvalo.

Salteado de róbalo con brotes de cardamomo

Para 2 personas
Cocción 15 min

— 3-5 guindillas naranjas, frescas
    y picadas
— 5-10 dientes de ajo picados
— 3 cdas. de aceite vegetal
— 300 g de filetes de róbalo
    en trozos de 1 cm
— 1½ cdas. de salsa de pescado
— 120 g de brotes de cardamomo
    de Siam picados*
— 50 g de hojas de albahaca sagrada,
    y unas pocas más para servir

* *Si no encuentra brotes de cardamomo,
utilice la misma cantidad de brotes
de bambú y 4 granos de cardamomo
verde. Añada las semillas cuando
saltee la pasta de guindillas y ajo.*

En un mortero, machaque las guindillas con el ajo hasta obtener una pasta fina.

Caliente el aceite en un wok a fuego medio. Saltee la pasta 1 minuto, o hasta que desprenda su aroma. Agregue el róbalo y la salsa de pescado, y saltéelo de 3 a 5 minutos. Eche los brotes de cardamomo y la albahaca, y saltee 2 minutos. Sírvalo con más albahaca.

Salteado de brócoli chino con pescado en salazón

Para 2 personas
Cocción 15 min

— 2 cdas. de aceite vegetal

— 2 cdas. de Ajo frito (véase pág. 33)

— 2 guindillas ojo de pájaro rojas, frescas y picadas

— 100 g de pescado en salazón (como caballa) enjuagado, secado y en trozos del tamaño de un bocado

— 5-7 tallos de brócoli chino picados

— 1 cdta. de salsa de ostras

— ½ cdta. de azúcar extrafino

Caliente el aceite en un wok a fuego medio. Añada el ajo frito, las guindillas y el pescado. A continuación, eche el brócoli y saltéelo unos 4 minutos, o hasta que esté hecho. Incorpore la salsa de ostras y el azúcar, y sírvalo.

Salteado de setas, mazorcas de maíz y gambas

Para 2 personas
Cocción 20 min

— 2 cdas. de aceite vegetal
— 2-3 dientes de ajo picados
— 8-10 gambas crudas y peladas, sin el hilo intestinal y con las colas intactas
— 14 mazorcas de maíz tiernas, cortadas al bies en trozos de 4 cm
— 100 g de setas shiitake en láminas
— 1 cdta. de salsa de soja
— 2 cdas. de salsa de ostras
— ½ cdta. de azúcar extrafino
— 1 cebolleta en trozos de 3 cm

Caliente el aceite en un wok a fuego medio-fuerte. Añada el ajo y saltéelo 30 segundos, o hasta que desprenda su aroma. Eche las gambas y saltéelas 1 minuto, o hasta que estén hechas. Retírelas y resérvelas.

Eche el maíz al wok y saltéelo 2 o 3 minutos, hasta que se ablande. Mientras se va haciendo, vierta 60 ml de agua. Añada las setas, saltéelas 1 minuto y devuelva las gambas al wok. Vierta la salsa de soja, la salsa de ostras, el azúcar y la cebolleta, y saltéelo todo 30 segundos. Sírvalo.

Salteado de calamares

Para 4 personas
Cocción 20 min

— 5 dientes de ajo
— 2 chalotas picadas
— 5 cdtas. de pasta de gambas
— ¼ de cdta. de pimienta blanca molida
— 3 cdas. de aceite vegetal
— 400 g de calamares, limpios y en anillas de 1 cm de grosor, con los tentáculos reservados
— 5 cebolletas (solo las partes blanca y verde claro) en trozos de 3 cm
— 1½ cdas. salsa de ostras
— 1 cda. de salsa de pescado
— 1 cdta. de azúcar
— 1 cda. de dientes de ajo, pequeños y encurtidos
— hojas de lechuga, para servir

Machaque en un mortero el ajo, la chalota, la pasta de gambas y la pimienta hasta obtener una pasta fina.

Caliente el aceite en un wok a fuego medio. Saltee la pasta 1 minuto, o hasta que desprenda su aroma. Suba el fuego a temperatura media-alta, eche las anillas y los tentáculos de calamar, y saltéelos 5 minutos. Eche la cebolleta, la salsa de ostras, la salsa de pescado y el azúcar, y remueva bien. Añada los ajos encurtidos y saltéelo todo 30 segundos más. Sírvalo sobre un lecho de hojas de lechuga.

Salteado de buey y brócoli con salsa de ostras

Para 2 personas
Cocción 15 min

— 2 cdas. de aceite vegetal
— 3 dientes de ajo picados finos
— 150 g de solomillo de buey
    en filetes de 5 mm de grosor
— 2½ cdas. de salsa de pescado
— 1 cda. de salsa de soja
— 400 g de brócoli chino en trozos
    de 5 cm

Caliente el aceite en un wok a fuego medio. Saltee el ajo 1 minuto, o hasta que desprenda su aroma. Añada la carne, saltéela 1 minuto, condiméntela con la salsa de ostras, la salsa de soja y la salsa de pescado, y saltéela 30 segundos. Eche el brócoli y 2 cucharadas de agua, y saltéelo todo 2 minutos, o hasta que el brócoli se haya ablandado un poco. Sírvalo.

Salteado de bok choy, cerdo y tofu

Para 2 personas
Cocción 20 min

— 30 g de harina de trigo
— ½ porción de tofu al huevo (de Sopa
   de tofu al huevo con albóndigas
   de cerdo, véase pág. 82) en láminas
   de 2 cm de grosor
— 475 ml de aceite vegetal,
   y 3 cdas. más
— 1 cda. de salsa de ostras
— 2½ cdtas. de salsa de soja
— 3 dientes de ajo picados finos
— 150 g de carne picada de cerdo
— 500 g de bok choy en trozos de 6 cm
— 3 cdas. de caldo de verduras
— ½ cdta. de pimienta negra molida
— 1 pizca de azúcar
— 70 g de apio chino en trozos de 3 cm
— Arroz jazmín al vapor
   (véase pág. 204), para servir

Extienda la harina en un plato y reboce el tofu al huevo de manera uniforme. Resérvelo.

Caliente los 475 ml de aceite en un wok o en una freidora a 180 °C, o hasta que al echar un trocito de pan se dore en 30 segundos. Baje el fuego a temperatura media, añada con cuidado el tofu rebozado y fríalo 4 o 5 minutos, hasta que se dore. Retírelo con una espumadera y déjelo escurrir sobre papel de cocina.

Mezcle la salsa de ostras con la salsa de soja en un bol y resérvelo.

Caliente las 3 cucharadas de aceite restantes en un wok limpio a fuego medio-fuerte. Saltee el ajo 30 segundos, o hasta que desprenda su aroma. Eche el cerdo y saltéelo 1 minuto, o hasta que se empiece a dorar. Añada el bok choy, saltéelo 2 minutos y agregue las salsas reservadas, el caldo, la pimienta, el azúcar y el apio. Remueva bien y agregue el tofu rebozado. Saltéelo con suavidad de 40 a 50 segundos, hasta que los ingredientes estén bien mezclados. Sírvalo con el arroz.

Phat thai sin noodles

Para 2 personas
Cocción 30 min

— 250 ml de aceite vegetal
— 100 g de tofu blanco o amarillo,
  extrafirme y cortado en dados de 1 cm
— 1 chalota picada fina
— 100 g de paletilla o lomo de cerdo
  en filetes finos
— 2 cdas. de rábano encurtido picado
— 10 gambas crudas y peladas, sin el
  hilo intestinal y con las colas intactas
— 2 huevos batidos
— 2 cdas. de gambas secas
— 4 cdtas. de azúcar
— 1½ cdtas. de zumo de lima
  recién exprimido
— 1 cda. de salsa de pescado
— 2-3 cdas. de cacahuetes tostados,
  triturados finos, y unos pocos más
  para adornar
— 3 guindillas rojas picadas finas
— ½ cdta. de copos de guindilla
— 100 g de brotes de soja
— 2 tallos de cebollino chino en trozos
  de 4 cm
— ramitas de cilantro, para adornar
— cuñas de lima, para servir

Caliente el aceite en un wok a 180 °C, o hasta que al echar un trocito de pan se dore en 30 segundos. Saltee el tofu 4 o 5 minutos, hasta que se dore. Retírelo con una espumadera y déjelo escurrir sobre papel de cocina.

Escurra el aceite del wok, excepto 3 cucharadas, y caliéntelo a fuego medio. Añada la chalota y saltéela 1 minuto. Agregue el cerdo y saltéelo 2 o 3 minutos, hasta que se haga. Eche el rábano encurtido y las gambas, y saltéelo otros 2 o 3 minutos, hasta que las gambas estén hechas.

Vierta el huevo batido y saltéelo 10 segundos. Agregue las gambas secas y el tofu, y saltéelo 1 minuto. Suba un poco el fuego y eche el azúcar, el zumo de lima, la salsa de pescado, los cacahuetes, la guindilla picada y los copos de guindilla, y saltéelo 1 minuto. Añada los brotes de soja y el cebollino, y remuévalo 2 o 3 veces. Páselo a una fuente y adórnelo con cacahuetes y las ramitas de cilantro. Sírvalo con las cuñas de lima.

Salteado de panceta de cerdo

Para 2 personas
Cocción 20 min

— 2 cdas. de aceite vegetal
— 400 g de panceta de cerdo en trozos
   de 1 cm de grosor
— 2 cdas. de Pasta de curry rojo
   (véase pág. 16)
— 1 cda. de azúcar de caña sin refinar,
   azúcar de palma o azúcar moreno
— 1 cda. de salsa de pescado
— 5 hojas de lima kaffir en tiras finas
— Arroz jazmín al vapor
   (véase pág. 204), para servir

Caliente el aceite en un wok a fuego vivo. Saltee el cerdo 6 o 7 minutos, hasta que esté hecho y se empiece a dorar. Retírelo con una espumadera, baje el fuego a temperatura media y añada la pasta de curry. Saltéela 1 minuto, o hasta que desprenda su aroma. Devuelva el cerdo al wok y saltéelo un par de minutos, hasta que se impregne bien de la pasta. Eche el azúcar y la salsa de pescado, y remueva hasta que se disuelva el azúcar. Añada las hojas de lima kaffir y saltéelo todo 30 segundos más. Sírvalo con el arroz.

Salteado de pollo con cardamomo de Siam

Para 6 personas
Cocción 25 min

— 2 cdas. de aceite vegetal
— 3-4 cdas. de Pasta de curry rojo
  (véase pág. 16)
— 200 g de albahaca sagrada triturada
— 1 kg de pollo, deshuesado y sin piel,
  cortado en trocitos
— 500 g de berenjenas guisante
  o berenjenas redondas en dados
— 200 g de guindillas rojas,
  frescas y en tiras largas
— 100 g de hojas de lima kaffir picadas
— 500 g de brotes de cardamomo
  de Siam*
— 2 cdas. de salsa de pescado

* *Si no encuentra brotes de cardamomo,*
  utilice la misma cantidad de brotes
  de bambú y ½ cucharadita de
  granos de cardamomo molidos.

Caliente el aceite en un wok a fuego medio. Añada la pasta de curry, la albahaca y el pollo, y saltéelos unos 10 minutos. Agregue las berenjenas, la guindilla, las hojas de lima kaffir, los brotes de cardamomo, la salsa de pescado y unas 3 cucharadas de agua, y saltéelo todo 3 minutos más. Sírvalo.

Salteado de pollo al jengibre

Para 2 personas
Cocción 25 min

— 3 cdas. de aceite vegetal
— 3 dientes de ajo picados
— 300 g de pechuga de pollo,
   deshuesada y sin piel, cortada
   en tiras de 6 mm
— 1 cdta. de salsa de soja
— 2 cdas. de salsa de ostras
— 1 cdta. de azúcar
— 100 g de orejas de Judas picadas
— 1 trozo de jengibre fresco de 7 cm,
   pelado y en juliana
— ½ cdta. de pimienta negra molida
— 1 cebolleta en trozos de 3 cm
— 2 guindillas rojas tailandesas,
   frescas y cortadas en rodajas

Caliente el aceite en un wok a fuego medio. Saltee el ajo 1 minuto, o hasta que desprenda su aroma. Eche el pollo y saltéelo 4 o 5 minutos, hasta que esté casi hecho. Vierta la salsa de soja, la salsa de ostras, el azúcar y las setas, y saltéelo 2 o 3 minutos, hasta que el pollo esté hecho (añada 2 cucharadas de agua si ve que la salsa se seca). Agregue el jengibre, la pimienta, la cebolleta y la guindilla, y saltéelo todo otros 30 segundos. Sírvalo.

Salteado de setas shiitake

Para 2 personas
Cocción 15 min

— 2-3 cdas. de aceite vegetal
— 3 dientes de ajo picados finos
— 250 g de setas shiitake, con los tallos
  recortados y partidas por la mitad
— 4 cdas. de caldo de pollo
— 2½ cdas. de salsa de ostras
— 1 cdta. de salsa de soja
— 3 cebolletas en trozos de 4 cm

Caliente el aceite en un wok a fuego medio. Saltee el ajo 1 minuto, o hasta que desprenda su aroma. Añada las setas y saltéelas 2 minutos, o hasta que estén hechas. Agregue el resto de los ingredientes y saltéelo todo 1 minuto más. Sírvalo.

Salteado de tallos de loto con gambas

Para 2 personas
Cocción 10 min

— 2 cdas. de aceite vegetal
— 3 dientes de ajo picados
— 8 gambas crudas y peladas, sin el hilo
   intestinal y con las colas intactas
— 250 g de tallos tiernos de loto,
   pelados y cortados en trozos de 6 mm
— 1 cda. de salsa de pescado
— 1 cda. de azúcar
— 1½ cdas. de salsa de ostras
— 1 cda. de soja en conserva
— Arroz jazmín al vapor
   (véase pág. 204), para servir

Caliente el aceite en un wok a fuego medio. Saltee el ajo 1 minuto, o hasta que desprenda su aroma. Añada las gambas y los tallos de loto, suba el fuego y saltéelo todo un par de minutos, hasta que esté hecho. Incorpore la salsa de pescado, la salsa de ostras, el azúcar y la soja. Sírvalo con el arroz.

Salteado de amaranto con salsa de ostras

Para 2-3 personas
Cocción 10 min

— 500 g de amaranto
— 3 cdas. de aceite vegetal
— 5 dientes de ajo picados finos
— 2 cdas. de salsa de ostras
— ½ cdta. de salsa de soja

Lave las hojas de amaranto, sacúdalas para escurrirlas bien y recorte 5 cm de la base del tallo. Corte las hojas y el resto de los tallos en trozos de 4 cm.

Caliente el aceite en un wok a fuego medio. Saltee el ajo 1 minuto, o hasta que desprenda su aroma. Suba el fuego a temperatura media-alta y añada el amaranto, la salsa de ostras y la salsa de soja. Saltéelo 2 o 3 minutos, hasta que el amaranto esté hecho. Sírvalo.

Salteado de verduras

Para 2 personas
Cocción 15 min

— 2 cdas. de aceite vegetal
— 2 cdas. de Ajo frito (véase pág. 33)
— 3 tallos de brócoli chino picados
— 5 hojas de amaranto picadas
— ¼ de col china troceada
— 100 g de setas enoki
— 2 cdas. de salsa de ostras
— 1 cda. de salsa de pescado
— 1½ cdtas. de azúcar

Caliente el aceite en un wok a fuego medio. Añada el ajo frito, el brócoli, las hojas de amaranto, la col y las setas, y saltéelo 4 minutos. Incorpore la salsa de ostras, la salsa de pescado y el azúcar, y sírvalo.

Arroz y noodles

En general más ligeros y fáciles de preparar que los
salteados, en este apartado encontrará dos de los pesos
pesados de la cocina tailandesa: el arroz y los noodles.
Ambos ofrecen una combinación de sabores que, como los
curries, traen el exótico umami a nuestras mesas; es el caso
del arroz frito con piña y de los noodles crujientes o fritos
con leche de coco y gambas. También encontrará la receta
más básica de arroz jazmín, típica del centro de Tailandia
(una región conocida como «el bol de arroz de Tailandia»),
del sur y de una pequeña parte del norte del país, donde es
más habitual el arroz glutinoso.

Arroz frito con cangrejo

Para 2 personas
Cocción 15 min

— 3 cdas. de aceite vegetal
— 5 dientes de ajo picados finos
— 1 huevo batido
— 175 g de Arroz jazmín al vapor
  (véase pág. 204)
— 100 g de carne de cangrejo
— ½ cebolla en dados
— 4 cdas. de zanahoria en dados
— ½ tomate en dados
— 2 cebolletas picadas
— 1 cda. de salsa de soja
— 1 cda. de salsa de ostras
— 1 cda. de azúcar
— 2 cdas. de salsa de pescado
— 2 ramitas de cilantro picadas
— el zumo de 1 lima

Para servir
— 1 pepino pelado y cortado en rodajas
— 2 cebolletas
— cuñas de lima

Caliente el aceite en un wok a fuego medio. Saltee el ajo 30 segundos. Añada el huevo y remueva hasta que esté medio hecho. Suba el fuego a temperatura media-alta, añada el arroz, la carne de cangrejo, la cebolla, la zanahoria, el tomate y la cebolleta, y saltéelo 2 minutos, o hasta que esté hecho. Agregue las salsas de soja y de ostras junto con el azúcar, y saltéelo otros 2 minutos. Páselo a una fuente, esparza el cilantro por encima y rocíelo con el zumo de lima. Sírvalo con el pepino, las cebolletas enteras y las cuñas de lima.

Arroz integral frito con gambas

Para 2 personas
Cocción 15 min

— 4 cdas. de aceite vegetal
— 6 dientes de ajo picados finos
— 300 g de gambas crudas y peladas,
  sin el hilo intestinal y con las
  colas intactas
— 2 huevos batidos
— 350 g de arroz integral cocido
— 2 cdas. de dados de tofu al huevo fritos
  (de Salteado de bok choy, cerdo y tofu,
  véase pág. 166)
— 4 cdtas. de azúcar
— 2 cdas. de salsa de soja
— 2 cdas. de guisantes
— 2 cdas. de zanahoria en dados
— 2 cdas. de cebolla en dados

Para adornar
— ½ pepino libanés o persa,
  pelado y cortado en rodajas
— 2 cdtas. de cilantro picado
— 1 cebolleta picada
— 2 cdas. de granos de maíz

Caliente el aceite en un wok a fuego medio. Saltee el ajo 1 minuto, o hasta que desprenda su aroma. Agregue las gambas y saltéelas 1 o 2 minutos, hasta que adquieran un tono rosado. Añada el huevo y saltéelo 1 minuto, hasta que cuaje. Eche el arroz y saltéelo 2 minutos. Incorpore el tofu y la salsa de soja, y saltéelo 1 minuto, o hasta que desprenda su aroma. Eche los guisantes, la zanahoria y la cebolla, y saltéelo todo durante 1 minuto más. Adórnelo con el pepino, el cilantro, la cebolleta y el maíz, y sírvalo.

Arroz crujiente con curry y cerdo fermentado

Para 4 personas
Cocción 30 min

— 350 g de Arroz jazmín al vapor
  (véase pág. 204)
— 1 cda. de Pasta de curry rojo
  (véase pág. 16)
— 1 huevo
— ½ cdta. de sal
— 1 litro de aceite vegetal, para freír
— 6 guindillas rojas secas
— 75 g de chicharrones
— 200 g de cerdo fermentado o chorizo
— 3 chalotas en rodajas
— 1 trozo de jengibre fresco de 10 cm,
  pelado y cortado en rodajas finas
— 5 cebolletas picadas finas
— 1 cda. de zumo de lima
  recién exprimido
— 1½ cdtas. de salsa de pescado
— 75 g de cacahuetes tostados
— lechuga, para servir

Mezcle el arroz cocido con la pasta de curry en un bol grande. Casque el huevo encima, sale y trabaje los ingredientes a mano hasta que estén bien mezclados. Con una cuchara de 6 cm, forme bolitas de arroz.

Caliente el aceite en un wok o en una freidora a 180 °C. Fría las bolitas de arroz de 7 a 9 minutos, hasta que se doren y estén crujientes. Sáquelas con una espumadera y déjelas escurrir sobre papel de cocina. Resérvelas.

Fría las guindillas secas 10 segundos. Sáquelas con una espumadera y déjelas escurrir sobre papel de cocina. Resérvelas.

Pase las bolitas de arroz crujientes a un bol grande. Desmenúcelas y añada los chicharrones, el cerdo fermentado, la chalota, el jengibre y tres cuartas partes de la cebolleta. Remueva bien.

Rocíe todo con el zumo de lima y la salsa de pescado. Añada los cacahuetes y las guindillas fritas, y remueva de nuevo. Adórnelo con la cebolleta picada restante y sírvalo con lechuga.

ย้าวผัดหมูไข่ดาว

Arroz frito con cerdo y huevos fritos

Para 4-6 personas
Cocción 15 min

— 125 ml de aceite vegetal
— 5-7 huevos
— 2 dientes de ajo picados
— 150 g de lomo o paletilla de cerdo
  en filetes finos
— 525 g de Arroz jazmín al vapor
  (véase pág. 204)
— 1½ cdas. de salsa de soja
— 1 cda. de salsa de ostras
— ½ cdta. de azúcar
— 70 g de brócoli chino picado grueso
— 40 g de cebolla en rodajas
— 1 tomate cortado en cuñas pequeñas

Para servir
— 1 pepino, pelado y cortado en rodajas
— cuñas de lima

Caliente el aceite en un wok a fuego vivo. Fría de 4 a 6 huevos (en función de los comensales), de uno en uno, unos 2 minutos. Retírelos, cúbralos para que se mantengan calientes y resérvelos.

Escurra el aceite del wok excepto 2 cucharadas y baje el fuego a temperatura media. Saltee el ajo 1 minuto, o hasta que desprenda su aroma. Añada el cerdo y saltéelo 2 o 3 minutos, hasta que se haga. Eche el huevo restante, bátalo con suavidad, y hágalo de 40 a 50 segundos, hasta que esté ligeramente cuajado. Agregue el arroz y saltéelo 1 minuto, o hasta que quede bien mezclado. Sazone con las salsas de soja y de ostras junto con el azúcar, y saltéelo 2 minutos más. Añada el brócoli, la cebolla y las cuñas de tomate, y saltéelo 1 o 2 minutos.

Para servir, reparta el arroz entre los platos, coloque 1 huevo frito en cada uno y disponga el pepino y las cuñas de lima alrededor.

Arroz frito con piña

Para 2 personas
Cocción 20 min

— 3 cdas. de aceite vegetal
— 2 dientes de ajo en láminas
— 120 g de gambas crudas y
   peladas, sin el hilo intestinal
   y con las colas intactas
— 450 g de Arroz jazmín al vapor
   (véase pág. 204)
— 1½ cdas. de salsa de soja
— 1 cdta. de azúcar
— 160 g de piña en dados de 2 cm
— 75 g de anacardos tostados
— 2 cebolletas en rodajas finas,
   para adornar
— 2 cuñas de lima, para servir

Caliente el aceite en un wok a fuego medio.
Añada el ajo y saltéelo 1 minuto, o hasta que
desprenda su aroma. Agregue las gambas y
saltéelas 1 o 2 minutos, hasta que adquieran
un tono rosado. Retírelas del wok y resérvelas.

Incorpore el arroz cocido al wok y remuévalo
1 minuto, o hasta que se impregne bien con
el aceite. Agregue la salsa de soja, el azúcar,
las gambas, y saltéelo 1 o 2 minutos. Eche
la piña y los anacardos, y saltéelo 1 minuto
más, removiendo con suavidad. Páselo a
un bol grande y adórnelo con la cebolleta.
Sírvalo con las cuñas de lima.

Noodles crujientes de arroz

Para 3 personas
Cocción 30 min + tiempo de remojo

— 300 g de noodles de arroz secos
— 950 ml de aceite vegetal, para freír
— 10 hojas de lima kaffir
— 100 g de guindillas rojas secas
— 3 tallos de citronela en rodajas finas
— 2 cdas. de Puré de tamarindo
  (véase pág. 32)
— 2 cdas. de copos de guindilla
— 1 cdta. de sal
— 2 cdas. de azúcar de caña sin refinar,
  azúcar de palma o azúcar moreno
— 4 cdas. de glucosa o miel suave

Ponga los noodles en un bol con agua para que se ablanden y siga las instrucciones del envase. Escúrralos y resérvelos.

Caliente el aceite en un wok o en una freidora a 180 °C, o hasta que al echar un trocito de pan se dore en 30 segundos. Fría los noodles, por tandas, 1 minuto, retírelos y déjelos escurrir sobre papel de cocina.

Fría las hojas de lima, las guindillas y la citronela en el mismo aceite 30 segundos, hasta que estén crujientes. Retírelas del wok y déjelas escurrir sobre papel de cocina.

En un wok limpio, mezcle el tamarindo con los copos de guindilla, la sal, el azúcar y la glucosa. Lleve la salsa a ebullición, removiendo constantemente, y cuézala 5 minutos. Viértala despacio sobre los noodles de arroz fritos y remueva hasta que estén bien condimentados. Sírvalos a continuación.

Noodles fritos con leche de coco y gambas

Para 2 personas
Cocción 20 min + tiempo de remojo

— 150 g de noodles de arroz secos
— 3-4 chalotas pequeñas picadas finas
— 15 guindillas ojo de pájaro rojas,
   secas y despepitadas
— ½ cdta. de pasta de gambas
— 250 ml de leche de coco
— 1 cda. de azúcar de caña sin refinar,
   azúcar de palma o azúcar moreno
— 1½ cdtas. de Puré de tamarindo
   (véase pág. 32)
— ¼ de cdta. de sal
— pimienta negra
— 10 gambas crudas, peladas
   y sin el hilo intestinal

Para servir
— verduras u hortalizas, crudas o al
   vapor, como pepino, brotes de soja
   y judías de metro o judías verdes

Ponga los noodles en un bol con agua para que se ablanden 10 minutos, o siga las instrucciones del envase. Escúrralos y resérvelos.

Machaque las chalotas y las guindillas en un mortero hasta obtener una pasta fina. Incorpore la pasta de gambas hasta que esté bien mezclada.

Lleve la leche de coco a ebullición en una cazuela a fuego medio. Eche la pasta de guindillas, remueva y cuézala unos 2 minutos. Añada el azúcar, el tamarindo, la sal y una pizca de pimienta negra, y remueva hasta que los ingredientes estén bien mezclados y rompa de nuevo a hervir. Agregue las gambas y cuézalas 1 o 2 minutos, hasta que adquieran un tono rosado y estén hechas. Eche los noodles y remuévalos 3 o 4 minutos, hasta que estén blandos y hayan absorbido todo el líquido. Si el líquido se evapora antes de que los fideos estén blandos, añada un chorrito de agua. Sírvalos con verduras u hortalizas, crudas o al vapor.

บะหมี่ราดหน้าไก่

Noodles fritos con pollo

Para 4 personas
Cocción 30 min

— 2 cdtas. de salsa de soja
— 45 g harina de tapioca
— 400 g de pechuga de pollo
  en tiras de ½ cm
— 300 g de noodles de huevo
— 4 cdas. de aceite vegetal, y un poco
  más para rociar
— 4 dientes de ajo majados
— 1,5 litros de caldo de pollo
— 1½ cdas. de soja en conserva
— 1 cda. de salsa de soja
— 75 ml de salsa de ostras
— 1 cda. de azúcar
— 1 cdta. de pimienta negra
— 250 g de brotes de bambú encurtidos
  y escurridos, y cortados en bastoncitos
  de 1 cm
— 150 g de champiñones
  en conserva escurridos

Para adornar y servir
— 2 cebolletas en bastoncitos de 1 cm
— 4-5 guindillas rojas, frescas
  y despepitadas
— condimentos como azúcar, copos
  de guindilla, salsa de pescado
  y vinagre de vino blanco

Mezcle la salsa de soja con 1 cucharada de la harina de tapioca. Añada el pollo y rebócelo. Cubra el bol y déjelo reposar 10 minutos. Mientras, cueza los noodles el tiempo indicado en el envase. Escúrralos y páselos a una fuente de servir. Rocíelos con aceite y reserve.

Caliente las 4 cucharadas de aceite en un wok a fuego medio. Saltee el ajo 1 minuto. Añada el pollo, suba un poco el fuego y saltéelo 2 o 3 minutos. Vierta el caldo de pollo y llévelo a ebullición. Eche la soja, la salsa de soja, la salsa de ostras, el azúcar y la pimienta negra. Baje el fuego y cuézalo 5 minutos.

Mezcle la tapioca restante con 75 ml de agua hasta obtener una pasta fina. Suba el fuego del wok a temperatura media e incorpore poco a poco la pasta de tapioca para espesar la salsa. Añada los brotes de bambú y los champiñones, llévelo a ebullición y cuézalo 2 o 3 minutos.

Reparta el pollo con la salsa sobre los noodles, y adórnelo con las cebolletas y las guindillas. Sirva los condimentos en boles separados.

Noodles fritos

Para 10 personas
Cocción 25 min + tiempo de remojo

Para la pasta de guindillas
— 100 g de guindillas rojas, secas
  y despepitadas
— 10 chalotas picadas
— 2 cabezas de ajo, con los dientes
  separados y pelados
— 1 cda. de sal

Para los noodles
— 1 kg de noodles de arroz secos
— 4 cdas. de aceite vegetal
— 1 kg de cangrejos azules limpios
— 300 ml de Puré de tamarindo
  (véase pág. 32)
— 300 g de azúcar de caña sin refinar,
  azúcar de palma o azúcar moreno
— 500 g de gambas crudas, peladas
  y sin el hilo intestinal

Para servir
— 200 g de cebollino chino picado
— 1½ pepinos, pelados y cortados
  a lo largo
— 500 g de brotes de soja

Para preparar la pasta de guindillas, remoje
las guindillas en un bol de agua templada
15 minutos, o hasta que se rehidraten. Escúrralas
y píquelas. Machaque en un mortero la guindilla
con las chalotas, el ajo y la sal.

Para preparar los noodles, póngalos en remojo
en un bol con agua 10 minutos hasta que
se ablanden. Escúrralos, lávelos y resérvelos.

Caliente 1 cucharada del aceite en un wok a fuego
vivo. Saltee los cangrejos 6 minutos. Retírelos
y deseche el aceite. Cuando se hayan enfriado lo
suficiente como para trabajar con ellos, córtelos
en trozos de 4 cm. Resérvelos.

En el mismo wok, caliente el aceite restante
a fuego medio. Añada la pasta de guindillas y
saltéela 1 minuto. Agregue el tamarindo y el
azúcar, y saltee 3 minutos, removiendo hasta que
el azúcar se haya disuelto. Eche el cangrejo y
saltéelo 2 minutos. Termine con las gambas, los
noodles y un poco de cebollino, baje el fuego y
rehóguelo 3 o 4 minutos. Sírvalo con el cebollino
restante, los pepinos y los brotes de soja.

Arroz jazmín al vapor

Para 4 personas
Cocción 30 min

— 400 g de arroz jazmín

Lave el arroz y escúrralo en un colador. Páselo a una olla, cúbralo con 550 ml de agua y llévelo a ebullición a fuego medio. Baje el fuego, tápelo y cuézalo de 20 a 25 minutos, removiéndolo de vez en cuando, hasta que esté tierno. Sírvalo.

Postres

El centro de Tailandia se considera la cuna de la mayoría
de los postres tailandeses, muchos de los cuales presentan
influencias portuguesas y se remontan al siglo XVII. En la
actualidad, los dulces se venden en los puestos callejeros
de todo el país, a menudo enriquecidos con coco, pandan
o plátano. Los helados también tienen mucho éxito en
Tailandia; a veces se venden incluso en «bocadillo»,
dentro de panecillos de perritos calientes y recubiertos de
cacahuetes picados, salsa de chocolate, leche condensada
y maíz. Los postres de este apartado recurren a sabores
y texturas más clásicos: pudin de pandan, plátano frito,
perlas de tapioca y melón sobre una exquisita base de leche
de coco.

Tapioca con longan

Para 4 personas
Cocción 20 min

— 180 g de perlas de tapioca
— 100 g de azúcar extrafino
— 170 g de longan en almíbar, pelado,
  despepitado y escurrido
— 300 ml de leche de coco
— ¼ de cdta. de sal

Lleve una olla con 1 litro de agua a ebullición a fuego medio-alto.

Ponga las perlas de tapioca en un colador, sumérjalas en agua fría y sacúdalas una sola vez. Páselas a la olla y cuézalas unos 7 minutos, removiendo de vez en cuando, hasta que estén hechas y traslúcidas. Retírelas del fuego y escúrralas. Vuelva a ponerlas en la olla, añada el azúcar y el longan, y remueva con suavidad, a fuego lento, hasta que se disuelva el azúcar.

En un cazo, caliente la leche de coco con la sal a fuego lento unos 5 minutos. Pase la tapioca y el longan a una fuente y vierta la leche de coco por encima. Sírvalo.

ขนมเปียกปูนใบเตย

Pudin de pandan

Para 4 personas
Cocción 20 min

— aceite vegetal, para engrasar
— 10 hojas de pandan
— 80 g de harina de arroz
— 1 cda. de harina de judías mungo
— 1½ cdas. de harina de tapioca
— 250 ml de soda
— 1½ cdas. de azúcar extrafino
— 75 g de azúcar de caña sin refinar,
  azúcar de palma o azúcar moreno
— 80 g de coco fresco rallado,
  para servir

Engrase con aceite una fuente refractaria de 21,5 × 28 cm y resérvela.

Ponga las hojas de pandan y 250 ml de agua en un robot de cocina y tritúrelas bien. Pase el zumo por un colador de malla fina sobre un bol y deseche la parte sólida.

Mezcle los tres tipos de harina en un wok o en una cazuela y, sin dejar de remover, añada poco a poco la soda. Vierta el zumo de pandan y remueva hasta que quede bien incorporado. Agregue los dos tipos de azúcar y vuelva a remover. Ponga el wok a fuego medio y remueva constantemente hasta que la pasta se empiece a espesar. Baje el fuego ligeramente y remueva hasta que esté satinada, sólida y de color verde oscuro. Esto le llevará unos 7 u 8 minutos en total.

Vierta el pudin en la fuente preparada y alíselo con una espátula. Déjelo enfriar y córtelo en dados de 6 cm. Sírvalo con el coco rallado por encima.

Plátano frito

Para 6 personas
Cocción 30 min

— 1 cda. de azúcar extrafino
— 120 g de harina de arroz
— 30 g de harina de trigo
— 45 g de coco rallado
— 250 ml de leche de coco
— 2 cdas. de semillas de sésamo blanco
— 1 cdta. de sal
— 6-8 plátanos pequeños semimaduros,
    en trozos de 4 cm
— 1 litro de aceite vegetal, para freír

Mezcle el azúcar con los dos tipos de harina, el coco, la leche de coco, el sésamo, la sal y 120 ml de agua en un bol grande hasta que el azúcar y la harina se disuelvan.

Pase el plátano por esta pasta, asegurándose de que quede bien recubierto.

Caliente el aceite en un wok o en una freidora a 180 °C, o hasta que al echar un trocito de pan se dore en 30 segundos. Fría el plátano 6 o 7 minutos, hasta que esté dorado y crujiente. Retírelo con una espumadera y déjelo escurrir sobre papel de cocina. Sírvalo.

Leche de coco con melón

Para 6-8 personas
Cocción 15 min

— 200 ml de leche de coco
— 225 g de azúcar de caña sin refinar,
   azúcar de palma o azúcar moreno
— 1 cdta. de sal
— 1 melón cantaloupe o melón verde
   pelado, despepitado y en trozos
   del tamaño de un bocado
— cubitos de hielo picados, para servir

Caliente la leche de coco en una cazuela a fuego lento. Eche el azúcar y la sal, y remueva sin parar hasta que rompa a hervir. Retírela del fuego y déjela que se enfríe.

Ponga unos 7 dados de melón en un bol. Vierta la leche de coco condimentada y un poco de hielo picado, y sírvalo.

Índice de tiempos de cocción

5 minutos

10 minutos

15 minutos

20 minutos

25 minutos

30 minutos

Índice

Phaidon Press Limited
Regent's Wharf
All Saints Street
Londres N1 9PA

Phaidon Press Inc.
65 Bleecker Street
Nueva York, NY 10012

phaidon.com

Primera edición en español 2017
© 2017 Phaidon Press Limited

ISBN 978 0 7148 7360 2

Directora editorial: Emilia Terragni
Editora del proyecto: Laura Loesch-Quintin
Producción: Nerissa Vales, Sue Medlicott
Diseño: Atlas
Fotografías: Jean-Pierre Gabriel

Responsable de la edición española: Capucine Coninx
Traducción del inglés: Carmen Franch y Elena Aranaz
para Cillero & de Motta

Impreso en Italia

El editor desea agradecer a Yewande Komolafe,
Alexandra Van Buren, Kate Slate, Cecilia Molinari,
y Gemma Wilson su colaboración en este libro.

El autor desea expresar su agradecimiento a todos
aquellos que le han ayudado durante sus viajes
por Tailandia y al personal de la Oficina de Asuntos
Agrícolas de la Embajada Real de Tailandia
en Bruselas.

NOTAS SOBRE LAS RECETAS

Las setas tienen que estar bien limpias.

Los huevos serán de tamaño grande.

Tenga cuidado al preparar recetas que conlleven un
cierto riesgo, incluido el uso de altas temperaturas,
llamas directas y procesos de fritura. Al freír, añada
los alimentos poco a poco para que el aceite no salte,
vista ropa de manga larga y no deje la sartén sola.